# 如果人生是一場電玩，怎樣才能玩過關？

宇宙シナリオからのメッセージ

瑞昇文化

# 推薦文——寫給下定決心要活在「當下」的各位

「精神世界」一詞在日本似乎已經深植人心，走進書店看到精神世界的一小角專區，總是會擺放著各式各樣來詮釋「精神世界」一詞的書籍。

書中內容不外乎是一些如何修補受傷內心的療癒文字，能夠讓你感受到擁有光明未來的心靈慰藉語辭，引領你走向幸福與富有的道路。這些都是來自天使、聖靈、外星人等高次元所傳達而來的訊息，或是開發我們腦中的潛意識，找尋與高次元的自我有所接觸的方法。光明的合一世界以及讓世界陷入漩渦的陰謀論，抑或是教導你如何跳脫體制束縛，與「空」有所聯繫的冥想入門類書籍，以及能夠安撫人心的禪語……。

這些書籍傳達出各式各樣的大量情報，但是這本書的內容卻一點也不符合這些主題，甚至可以說是相去甚遠。

這本書中的內容是由某段時期曾信奉新興宗教與基督教的作者，從自身多舛的命運當中，對自我逐漸消失的赤裸裸半輩子人生所產生的衝擊，以真實的經驗所培養出來的洞察力來打破所謂「精神世界、宗教理念」的話語。

像是「空與合一等概念根本不必花時間去思考」、「這個世界根本沒有真理」，這些不去討好讀者且有話直說的敘述，多數都是會直接打碎夢想的激烈字眼，但卻不只是單純想要去批判這股精神世界風潮。

而是在幫那些因為學習了概念化精神世界領域知識，卻反倒產生束縛感的人們來加油打氣，同時也是作者自身引以為戒的「脫離精神世界的精神世界」。此外，在作者的人氣部落格「Eye of the God ～神之眼～」的首頁上有這麼一段話。

真正的真理是不會要你去找尋更正確的精神世界道路。

我泰勒這個人就是喜歡將內心想說的話都大聲地說出來。

至於讀者的心情變化……「我倒是一點都不在意」。

讀者留下批判性文字，我是否會感到沮喪……答案是「不會在意」。

從上述內容不難看出作者一貫的想法，這大剌剌不加修飾的說話方式，正是他的魅力之一，但是對於才剛開始接觸所謂精神世界層面的人，尤其是抱持「光明未來」想法的人來說，書中內容或許有時會成為有害物質。

不過對於那些已經擺脫美好幻想，真正意識到「活在當下」的人來說，這本書應該會成為莫大的精神食糧。

當你理解到賢者泰勒話語中的「真意」，你就能獲得誰都無法阻礙的自由，並拋開過往的依賴對象，從自己的內心找尋到真正的幸福。

這本書是獻給不是那麼認同「精神世界」一詞的各位讀者。或者認為與其對真理抱持錯誤想法，倒不如不要對真理抱持任何定義的人，建議都可以來看這本書。

所以就請你先拋開先入為主的觀念，仔細翻閱本書內容來確認自己能否認同當中所陳述的想法。

捨棄只有當下感覺良好的精神世界
捨棄自以為很懂的精神世界
捨棄不知為何這麼做的精神世界

那麼，請做好以下內容可能會完全顛覆你過往想法的心理準備，再來翻閱這本書。

緊接著就開始進入到精神世界的課後活動——「泰勒社團」的課程吧！

雲 黑齋

# 作者序

一切發生得很突然。

那天晚上，我因為工作太累而睡著了。我從來沒想過超自然現象會發生在自己身上。事情結束之後，天亮了。我睜開眼睛，發現自己躺在床上，長達三十分鐘左右的時間，我想不起自己是誰，就連自己的名字、住在哪裡、做什麼工作都想不起來。

超自然領域（精神世界）當中，近幾年有幾個熱門的單字，譬如「頓悟」或是「覺醒」等詞彙。你就算不是很清楚這些詞的意義，也應該在某處聽說過。

粗略地說，這些詞都意指宇宙為一體，某些人深刻地洞察宇宙的運轉機制（也就是真理）。簡單而言，就是明白世界的本質。然後，人們就把這些瞭解宇宙運轉機制的人，稱為「悟道者」。

這些人都是在冷靜下來之後，才知道自己經歷了所謂的「覺醒」。在超自然領域中，這種經驗稱為「天人合一」。像這樣終極而唯一的境界，原本在佛教中稱為「空」，色即是空、空即是色的「空」。

我覺醒後，得到驚人的結論是：

「神並非外顯的存在，而是存在於內心。你自己就是神，就是宇宙的中心。」

我自己也著實吃驚。僧侶在持戒嚴厲的寺廟中修行、修道者致力追求神並且過著清心寡慾的生活，這些追求真理、頓悟的求道者，難道就是在追求我所經歷的事情嗎？

我未曾尋求頓悟，也未曾因此付出任何努力。我在覺醒前一晚，不但看了租來的成人片，還跟父母大吵一架。睡前只想著零用錢要怎麼花，然後漸漸進入夢鄉。像我這樣的人，無論如何都沒資格雀屏中選才對啊！

為什麼這個奇蹟不是發生在更合適的人身上呢？我不得不去想，另一個世界選擇悟道者的標準未免也太奇怪了。

然而，我現在能夠明白了。

一切都是為了要給超自然界帶來新氣象。

我覺醒後，開始經營部落格，為自己心中鋪天蓋地而來的靈感尋求去處。

我彷彿聽見有人在耳邊說：「寫出來吧！傳遞到外面的世界吧！」就像受內心衝動驅使一般，我每天都把感受到的超自然訊息轉化為文字，不停地書寫。

宛如被附身的狀態下所書寫的文章，事後一讀才發現根本是自己寫不出來的內容。這種近乎「自動筆記」的超自然現象，最終集結成本書——《如果人生是一場電玩，怎樣才能玩過關？》

接著，我注意到一件有趣的事情。

我所寫的內容，與主流超自然世界的思想大相逕庭。當然並非全然不同，只是，最重要的中心思想天差地遠。

詳細內容將在本書中細細闡述，不過我可以斷言，主流的超自然世界主張「意識萬能」，一切都源自於你的意識。因此，你若能自由控制意識，就能做到任何事。

著名的「吸引力法則」也適用上述的主張。也就是說，只要照著固定的順序走，任誰都能實現願望。

所以，主流的超自然世界可以大聲激勵人們，高聲吶喊：「讓我們改變現實、改變未來吧！一起實現奇蹟吧！」當然，他們絕對不會忘記宣傳這些（高貴的）演講與課程。真是深諳取財之道啊！

然而，我傳達的理念當中，最為顛覆超自然界常理的中心思想就是——

**「世界上發生的萬事萬物，都是命中註定。」**

也就是說，你無法改變任何事。

或許有些人會說：「等等！你這樣說，這本書也不用寫了吧！」市面上的暢銷書，幾乎都是崇尚「信仰自由意志」的論述。在這樣的世界當中，這本書出版只有兩種結局。一是遭信奉主流超自然理論的多數人圍剿，灰飛煙滅；二是已經聽膩「只要你願意就做得到」的人轉而支持我，讓我的論點有棲身之地。無論是哪種下場，我都已經有所覺悟。

我是名心理發展障礙患者，一直認為自己是社會的重擔，簡直是廢人。這本書，描繪了我自己因為經歷超自然體驗，擺脫自卑以「賢者泰勒」之名，活躍於真實世界。

我剛剛說一切都是命中註定，並不代表你甚麼事都不用做。

我希望你能成為自己的主人並且努力生活，在你能認同的人生道路上堅定前行。聽起來好像很玄，其實我想說的只是：「若你能盡心盡力去面對選擇、努力生活，那麼結果就是可以預見的。」

姑且不論這麼高層次的問題，我希望你在這個世界能夠盡力發揮所能，掌握幸福。

本書的主旨是─享受人生這場遊戲。因此，書中提供許多像是「遊戲攻略」的實用資訊，請務必好好應用。我在書中也會介紹有異於主流觀點，也就是我個人獨創的「宇宙論」。

另外，本書難免會出現一些超自然界的專有名詞，為了讓不熟悉超自然領域的朋友理解，卷末會附上專有名詞說明，請務必參照。

準備好顛覆常識了嗎？（並非一般常識，而是指超自然領域中的常識。）

那就開始吧！

賢者泰勒

# 目錄

## 第2章 宇宙腳本與這個世界的結構

## 第3章 泰勒社團活動的書籤

## 第4章 覺醒前的人生 ~蛻變為泰勒前的軌跡

# 第1章　賢者泰勒誕生

## 讓原本是社會負擔的自己認清事實！

出社會工作至今已經進入第七年，絕對不是我的工作態度有問題，我甚至可以稱得上是在工作上相當盡心盡力，但是工作進度卻遲遲達不到標準。表面上雖然是我自己自願離職，但其實最主要的辭職理由是「認為自己在職場上毫無用處」。

然而這樣的情緒不單單只有出現在這個時候，仔細回想自己的過往經驗是在自己對他人完全不帶有惡意的情況下，但卻無法擁有良好人際關係，甚至還意識到「自己好像哪裡怪怪的」。因此當我前往醫院的精神科就診時，才發現自己原來是罹患了近來引發話題的「發展障礙」。

聽了醫生的說明後，才知道原來發展障礙症狀是指具備有「無法判別對方的情緒變化」、「無法同時間進行多個活動，也就是無法掌握要領，在職場上會比較辛苦」等特徵，但由於這是天生的缺陷，所以不可能完全根治。

因此我不能去想「要怎麼治好」，就只能思考「如何與這樣的症狀和平共處」。而市面上也有出版家人或朋友為發展障礙患者的相關書籍，可以從書中內容瞭解和患者溝通相處的方式。

在這樣的情況下，自己就會不自覺產生原來自己是會讓周遭所有人有所顧慮的落寞情緒，這樣的無力感會形成一股沉重的壓力。

從那時候開始，我腦中就會開始浮現「我是社會上的負擔」的負面自我評價，時常會因此換工作，到每一個職場都無法適應，導致最後淪落到完全無心於工作的無業米蟲。

而我也是在那個時候認識了基督教，瞭解到「自己的生命是上帝有意義的恩賜價值」，讓我內心深受感動，於是便受洗成為一名基督徒。這個時期或許能稱得上是我個人生涯中的一件美談，不過這整件事卻沒有因此畫下句點。

然而就在我做為一名基督徒，虔誠信仰上帝的同時，諷刺的是我居然出現了所謂的「覺醒體驗」。不過並不是脫離原本極端「上帝與人類」

的上下存在概念，而是感受到了「這一切事物都是相互牽連影響」的那個瞬間。有關這個部分的實際體驗內容，我會在第4章詳細說明。

神並非存在於體外，而是存在於體內。更進一步的說法是二者是相互融合的關係，而這就是自己真正的樣貌。我（各位也是）就是自己的神，套用佛教和禪道的說法就是所謂的「空」。

每個人都是實際上存在的神，都是代表自己的一切，因為自己就是主角，因此我會形容自己為「宇宙之王」。

實際上在這之後，意識到這一切的我，並沒有單純只做為一名基督教的信徒，而是以「賢者泰勒」的名義來展開向世間傳達訊息的活動，這也成為我畢生的志業。我不管其他人是怎樣看待我這個人，簡單來說，現在的我可以很堅決地說出來「我很幸福」這幾個字。

本書的內容並不會適合所有人，也無法拯救所有人。因為每個人都有不同的特色，都有專屬於自己的經驗與生活方式，有不同的狀況和情緒。所以世界上才會存在可供選擇的眾多宗教與精神世界、自我啟發以及事物的思考方式。

而那些自認為「發表的內容適合所有人，而且可以讓所有人都得到幸福」之類的成功書籍與精神世界理論，所展現出來的不過就只是自不量力的傲慢態度罷了。因為在這個有限的相對性世界當中，以及存在無限多可能解釋的這個世間是不會存在這樣絕對性的理論。

因為在這個世界裡所謂的「絕對」，就只是一種妄想罷了。

不過換個角度思考，「我的意見或許不能成為所有人的背後力量，但是這些內容確實可以引導部分人士走向對的方向」，我自己對此相當有自信。

尤其是對那些抱持著「反正這是個只在乎實力和成果的世界，在自己身上絕對不會有好事發生」的想法、出現發展障礙症狀的人們。或是覺得自己活在世上卻總是沒有好運的人，已經打算開始拋棄「自我」的人們。

那是因為我自己本身就是這樣的人。

電影和連續劇都是不看到最後一刻不會知道結局如何發展。

在感覺沮喪難過的時候，就逕自訂下「我的人生已經完蛋了」的結論，這未免也過於輕率。因為只要還活著，往後的日子就很有可能會有全然不同的改變。現在所遭遇到的困難，以電影的術語來說，就是劇情高潮且最扣人心弦的場景，所以不能斷言之後不會有個美好的結局在等待著你。

不過老實說還是有可能會出現不盡人意的發展，可是你會因為就這樣完全對未來不抱任何期待？還是打從一開始就準備放棄了？若是有些許的可能性存在，你願意放手一搏嗎？這就跟電影沒看到最後一幕，就無法提出看法的道理相同。所以我認為不到生命的盡頭是絕對無法對自己的人生定義出正確的評價。

至於我之所以會出版這本書的目的又是什麼呢？

其中一個理由當然是想要讓各位瞭解我以精神世界的觀點所要傳達的訊息。此外，也想要讓大眾注意到現在的精神世界領域的缺失尚未全然浮上檯面，以及要提醒各位將目光放在尚未被發掘的部分。

但是最主要的目的還是在於要讓那些過去和我有相似遭遇的人，可以因此改變對自己以及對這個世界的看法，進而產生「或許我能做到」的思維，這樣才能讓自己好不容易拿到門票參加的「世界遊戲」過程中增加更多的樂趣。

衷心期盼這本書的內容能夠發揮上述的功效。要是這些意見能夠達到讓各位善加利用的效果，我自身也會感到無比喜悅。

在這本書的第1章主要是在說明泰勒所提倡的精神世界訊息的重點；接下來的第2章和第3章是在描述具體的訊息內容，第2章將重點放在宇宙的架構，以及如何看到世界等觀念，是集合根源論與基礎論的一個篇章，而第3章是將能夠運用到實際生活中的內容再加以擴大解釋。最後的第4章則是記載了我如何進入現在這個活動階段的人生經驗分享故事。希望能夠藉此拉近和我有相同煩惱的各位之間的距離，進而讓各位獲得面對難題的勇氣。

雖然說這只是我一個人的經驗和內心體悟，但仍然盼望這本書的問世，能夠達到讓多一個靈魂有所成長的目標。

# 爲何取名「賢者泰勒」？

我覺醒之後，前所未有的衝動不斷湧上心頭。

「寫出來吧！將你獲得的資訊分享給外面的世界吧！就從寫部落格開始！」

真的，連我自己都覺得驚訝。

儘管如此，我還是順從內心的衝動，開始寫部落格。我想就算一直忽視謎之聲，祂也不會放棄在我耳邊叨念。況且我也發現，與其說是被無以名狀的力量驅使，不如說是我自己想把這些訊息寫出來。

為了在部落格上發表文章，我需要一個筆名。正在想要用甚麼名字時靈光一閃，馬上就想到「賢者泰勒」。

我至今仍然常被初次見面的人詢問：「為什麼會用這個筆名呢？有甚麼典故嗎？」我隱隱約約可以感覺到，這個問題背後隱含的意思是：「這傢伙竟然自稱賢者，還真敢講啊！」

其實，這只不過是我突然靈光乍現，剛好想到的名字而已，現在不管說甚麼都只是事後推想的解釋。所以，還是跟大家談談我對這個名字的期許好了。

「泰勒」是terra的音譯，也就是「地球」的意思。我非常喜歡竹宮惠子的漫畫作品《奔向地球》，這部作品對我產生莫大影響，也可能是因為這樣才取了泰勒這個名字。

那麼「賢者」呢？我之所以膽敢自稱賢者，有兩大理由。

大家應該都有聽過美國作家歐・亨利的短篇小說《麥琪的禮物》。這是非常有名的故事，很多人一聽內容就會想起曾經在哪裡看過。

吉姆和德拉是一對年輕的小夫妻，兩人非常貧窮。太太德拉留著一頭漂亮的長髮，先生吉姆為了幫德拉買一把梳子，賣掉自己的金手錶。

然而，德拉卻賣出自己引以為傲的長髮，替丈夫買了金手錶的錶鍊。

當兩人交換禮物的時候，發現彼此送的禮物已經派不上用場。

如果從合理主義・成果主義來看，兩人做的事情或許顯得徒勞無功而且愚笨。

但是，作者歐·亨利卻為這個故事下了奇妙的結論：「這對夫妻是世界上最聰明的人。」你難道不覺得很神奇嗎？這兩人送錯禮物，怎麼會是世界上最聰明的人？

故事的重點並非禮物有沒有實用性，而是為對方著想的心。雖然結果不盡如人意，但他們心中的確存在美好的意念。

歐·亨利認為這才是人生中最重要的事。能夠獲得正面結果當然最好，但追根究柢，如果少了為對方著想的心，那麼就算在一般社會中獲得成功與財富，還有價值嗎？

播下什麼種子，就會長出什麼果。因此，種子才是最重要的，千萬不要被表象迷惑。我想傳達的是：請重視萬物的本質。

耶穌基督在聖經裡常提到「動機」。耶穌不斷地提醒我們，比起肉眼可見的現象或結果，更應該重視動機。這和重視萬物本質是一樣的道理。

因此，我並不是因為能夠解答任何疑惑、博學多聞、機智過人才使用「賢者」一詞。我說的賢者，應該是像歐·亨利所說的「聰明人」才對。

**即使笨拙，只要為他人著想，誠摯地回答問題就已足夠。**

接著，我想說明另一個理由。將謙遜當作美德的日本人，幾乎都會說：「竟敢稱呼自己是賢者，真是傲慢！」請您查一查，在字典上如何解釋「傲慢」一詞。

**傲慢意指「驕傲無禮」。**

換句話說，就是給自己過高的評價，誤判自己的價值。

依照我所經歷的超自然體驗，得到「人就是神、人即是宇宙之王」的結論。雙親、教師、朋友乃至這個社會一直以來灌輸給你的價值，未必正中核心。

應該說，這些價值觀從「你」這個角色來看，只不過是名為「世界」的虛擬遊戲當中，一些地方性的遊戲規則而已。

我們就是從「天人合一」分化出來的片段。我們本來就是「神」，稱呼自己為「神」名副其實，何來傲慢之說？

驕傲（給自己過高的評價）若等於傲慢，那麼神自稱為神，並非傲慢而是理所當然。自稱神是理所當然，那麼自稱「賢者」反倒是謙虛了。

「謙虛」一詞在字典中解釋為：虛心謙讓不自滿。也就是了解自我的意思，既然我們已經了解，自己就是神，從神降格為「賢者」，不正是謙虛的表現嗎？

日本人由於過於謙遜，所以很容易落入「自卑」狀態，這等於是在宣告符合自己身分的真正價值不被（神）承認，鄙視地將自己視為不必要的存在。

以這樣的立場來說，我自稱為「賢者」就是正確的選擇，而且還能讓自己活得很開心，這樣的狀態難道你不心動嗎？

## 無名小卒突然爆紅

在我剛開設部落格時，想當然也只是個「沒沒無聞」的無名氣部落格。因為既沒有人脈也沒有知名度，這只是一名住在大阪的中年男子，突然某一天將自己奇怪的「頓悟」想法給記錄下來的一個平台。但由於自己的素行不良，所以沒有所謂的好朋友。至於在基督教教會的人際關係方面，我當然是一位教徒，又因為是年輕的潛力股成員，因此擁有一定的人脈，不過在寫部落格的這件事卻也絕對不能被發現。

雖說「你我都一樣，人人皆可以是神」，但並非耶穌的我或許就像背負上十字架一般的炸彈。因為在現實生活中，我不可能跟任何人說要他們來看我寫的部落格內容。

因此一開始我陷入完全沒有讀者的困境當中。由於我並沒有一開始就利用朋友和認識的人來增加點閱率，所以這個部落格的魅力，就只能吸引到螢幕那一端的陌生人。

從過去到現在，因為有所領悟而帶起流行的精神世界領域的知識，或者是「自我覺醒風潮」，都猶如雨後春筍般不斷地出現。而我也是在這個時候開始寫部落格，所以我才會思考這些訊息到底能不能派上用場。

剛開始寫部落格時，完全沒有想過自己會在這個領域大受歡迎，因為按照一般的常識來說，這似乎是很難達到的境界。

但由於被催促要持續寫部落格的壓力實在相當強烈，因此我只能硬著頭皮說：「好好好，我會趕快寫下內容！」先按捺下內心那股不明確的「衝動」。

一開始為了增加人氣，我會去點擊精神世界領域的相關部落格，四處留下「曾經造訪」的足跡（紀錄）。

在那之後，我的部落格點閱率就開始往上增加。每一天的讀者數都往上攀升，一天多出好幾個人，一個星期就多出了二十人。若要說我為此付出多大心力，但其實我只不過跟普通人一樣程度的努力而已。

當時我因為在教會工作，所以一個月有十五萬日幣的薪水。扣除掉房租、電費、手機費和飲食花費後，幾乎沒剩下多少錢，生活狀況並不富裕。因此「存錢」二字根本就不存在於我的世界。

而剛好在這段時期我的小孩出生了，可預料的是接下來必須不斷掏錢的生活狀況。所以就現實面來說，我必須擁有自己的一個副業。因此我只能趁著正職的空檔去便利商店或是餐廳賺足夠生活的花費。

可是一旦這麼做，我就無法好好來經營部落格。在一天辛苦的工作後，還得要維持寫部落格文章的熱情，確實是件不容易的事。更諷刺的是，那些殷殷期盼我的更新文章的讀者們大部分都是喜歡篇幅較長的文章。

不過要傳達某個訊息，將其寫成一篇文章，在篇幅上就必須具有一定的份量。

一般來說「滿滿都是文字的部落格文章應該沒什麼人會感興趣」，因此我總覺得自己的長文模式根本就是自殺行為。如果在這樣的情況下，工作的同時又要更新文章，我懷疑自己是否還有那個時間和精力來寫出長篇大幅的文章，對此我感到不安。

因此我當時決定不要發展副業，而是利用那段時間持續寫部落格文章。而且很難得的是，我的妻子居然也沒有因此對我發過一次的牢騷。

我過去曾經在社福機構（工廠）工作七年時間，因為是正式職員身分，所以多少有存了一些錢，還能稍微應付生活上的支出。但是錢終究有用完的一天，存款一天一天減少，原先有三百萬日幣的存款，最後只用到剩下五萬日幣。

等到盤纏完全花光殆盡前，我仍然咬著牙，堅持每天都要更新部落格，但在這樣艱困的情況下，部落格的文章內容也顯得枯燥無味。我只好抱持著都已經走到這個地步，或許還是會有人認同我的文章，進而讓自己有所成長也說不定的想法……。

就在我一邊思考有什麼方法可以增加收入的同時，一個剛起床的早上。

不知道發生了什麼事，但是我的部落格點閱人數卻出現了像是在開玩笑的數字。我揉揉眼睛懷疑我還沒完全清醒過來。

在排行榜上也前進了幾十名，我終於有所自覺到這似乎不是一場夢。在這樣的情況下當然會產生疑問，很在意「到底發生了什麼事？」。尤其是昨天根本沒有寫什麼會讓點閱率大幅增加的了不起文章。

就算是那樣，點閱人數也不可能一夕之間有如此大幅度的成長。因為沒想到自己的部落格會如此廣為人知，吸引如此大量的人瀏覽，從原本部落格每天的造訪人數和點擊率來說，這簡直是一個「奇蹟」。

但因為很討厭這種渾沌不明的氛圍，所以在調查過後發現了一個事實。那就是這些大量增加的讀者群當中，大部分都是因為「黑齋先生的推薦」。

這個人到底是何方神聖？很失禮的是我在當時完全不認識對方，後來才知道雲　黑齋先生是精神世界領域相當受歡迎的人物。對方似乎是在自己的部落格和推特上介紹說「我的部落格文章很有趣」。

由於我和黑齋先生完全不認識，所以壓根都沒想到對方會願意幫忙大力宣傳我的部落格文章。而且之前我也從沒有過想要去拜託其他人來提升自身知名度。

於是我也試著站在菜鳥等級的精神世界訊息傳達者的立場觀察，發現有不少讀者都會留下「我也開始覺醒了」，或是「我也寫了部落格，請務必幫忙看看」之類的文字。

不過會這麼說的人，其實都沒有遭遇到多大的困境。只能算是自己的幻想，還稱不上是所謂的覺醒者。

我並不是抱持著想要賺錢或是出名才來寫部落格文章，當然就一般人的想法而言，沒有什麼會比得到大量金錢來的重要，而且成為名人當然也是相當吸引人的因素之一。

然而對我來說，最重要的是「可以用有話直說的方式來持續向世人傳達我的想法」，高收入和名聲就成為了基礎，或是所謂的附加價值。

如果擁有這些會很好，但即便沒有這些也完全沒影響。

但是我很不願意看到「因為變得有名、收入增加，但卻因此開始意識到自己與其他人的利害關係，就因為沒辦法無視這一切，而導致失去了暢所欲言的權利。為了博得大眾的好感，言語上越加修飾，或者是捏造事實，跟著輿論隨波逐流」。

我這個人並不想以扭曲內心想法的方式來獲得名聲和高收入，我寧願選擇能讓我暢所欲言的那份自由。但由於我還是得吃飯養家，因此我還是得在某個程度上遵循社會上的共識。

總之，我現在雖然還算是初出茅廬的菜鳥，但是總算還是達成從無名狀態晉升為知名部落客的目標。

那我就先從讀者感興趣的部分開始介紹，首先是「我認同的想法是從何而來？」

可以說是來自特定的守護神、外星人或是天使長的訊息，以及聖靈到耶穌和佛祖，抑或是其他高次元的存在（揚升大師先知），但由於對方並沒有報上名號，所以即便我這邊想要知道確切的來源也無計可施。

既然對方不願意報上名號，那就不必刻意去找尋答案，這應該是最好的做法。因為這樣就不會對訊息來源帶有成見，所以我並不會刻意去鎖定某個訊息來源。

所謂訊息價值並不在於它的來源，真正的價值在於「是怎樣的訊息」。因此只要關於我的訊息來源的疑問，我一概都會回答「不知道」。

之後我會陸續介紹一些我在覺醒體驗後，每天所獲得的訊息內容。

我在寫這本書的時候，已經是連續二年多的時間都有每天更新部落格文章，因此有相當大量的文章內容資訊，所以不太可能將所有的內容通通都收錄進來。

不過我還是會將我所主張的重點部分，以及應用篇的相關內容，都在這本書中一一做出說明。

## 泰勒的精神世界常識釐清①

# 「會發生的事都是已經註定好的」

那麼，我知道要出版這本書時是抱著怎樣的心情呢？只要一去書店，映入眼簾的盡是「你可以做到」、「奇蹟會發生」、「將不可能化為可能」等文字，一本又一本關於夢想的書籍總是最受到消費者的歡迎。像是在精神世界領域最有名、以「吸引力法則」為主題的書籍，也是屬於「相信你可以做到」系列的勵志書籍。

然而「一切都已經註定好了」的說法，卻是會對於這樣「努力的動力」的希望給澆了一大盆冷水。

我其實也像一般人那樣有想要受歡迎、變得有名，以及賺大錢的欲望存在，當然也想要寫一些會讓各位感覺愉快的內容，但是我還是無法說謊。我並不想要藉由胡亂解釋這些終於降臨的訊息來獲得這個世界的名利。

因此，我才會想要試著為每一個哭泣的靈魂在這裡提出自己的想法。

至於那些受歡迎的精神世界知識，幾乎都跟自我啟發書籍有共通點存在，那就是當中蘊含著一個觀念，也就是——

**所謂的意識都是自己的腦中所產生的物質，現實中的一切則都是腦中意識的投影。**

**因此只要熟知如何操作意識的技巧，就不存在「不可能」這三個字。理論上就是任何事都能夠做到。**

簡單來說就是「意識無所不能主義」。由於你的意識創作了你所認知的一切，因此理論上只要改變你的意識，那麼就可以達到無所不能的地步。

一旦決定要做任何事就能夠做到，就算是遇到困難，或者是以失敗作收，你也會瞭解到「有心想要這樣做，只是用錯方法，一定有哪裡出了差錯」的這個道理，並從中學到教訓。

其中認真的實踐者則是會這麼認為：

「沒錯！意識就是決定一切的因素，過程之所以如此不順利，一定是我的內心有哪裡出了差錯。該不會是我腦中存有懷疑自己會成功的想法。不過我應該是十分相信自己的能力啊……？」

抱持著「自己明明已經努力去做了」的小小疑問，於是那個人便會開始努力去找尋「到底出了什麼差錯」。但是他卻沒辦法找到答案。因為想要解決內心世界的問題，絕對不能像考試那樣修改答案。

意思就是沒辦法直接告訴你要這樣做或是那樣做，並非只是單純將錯誤改正就好。

或許這麼說相當失禮，但是我真的認為「沒有做不到的事」、「只要有心任何事都有可能發生」這樣的人生觀、世界觀，就跟小時候相信真的有聖誕老人存在是相同的道理。

擁有夢想雖然會讓人心情愉悅，但這卻是相當不實際的想法。因為唯有認清並接受事實的孩子，才能有所成長。

同樣地，認為「只要去做就一定會成功」的想法實在是太年輕氣盛了。這是思想單純的小時候和青春期才能擁有的特權。

但要是在這個物理的宇宙舞台，也就是「多人參加形式的人生遊戲」當中，不認同「只要有心去做就一定會成功的道理」，因此而不願去努力的人，應該在大多時候都會處於「在這個世界裡做任何事都只是在浪費時間」的氛圍之下。但其實不應該讓這樣有害的負面想法，或是輸家特質來影響自己，而是要欣然接受這個「二元性世界」的本質，這樣才能讓自己的精神世界到達大人的成熟境界。

在馬拉松大賽時，就只有一個人能獲得第一名。但是多數的參賽者都會產生大家是一體的凝聚意識，而發揮百分之百的潛力，毫無疑問地都是朝著第一名的目標在努力，要是大家都能完成自己確信能達到的程度，那麼理論上所有人都會成為第一名。

但是實際上就算所有參賽者都很用心在比賽上，卻最後還是只有一個人能拿下第一名。

相當諷刺的是，能夠左右勝負的因素，其實是你花了多少時間練習、體能和資質的差異，或者是當天的身體狀況……，這些與瞬間意識毫無關聯的因素才會對結果產生一定的影響。

當然，我的意思並非指大人就是好的，小孩就是不好的。而且我也不想藉由這本書宣揚以下看法「事實上會發生的事都是已經註定的。並非每一個瞬間都是持續地由意識創造出來」。

那麼大人是否要向相當期待聖誕老人造訪的小孩，用無情的口吻說出「這個世界上根本沒有聖誕老人」呢？

還是跟小孩說「不知道聖誕老人會送什麼禮物給你？好期待啊！」以迎合的方式來哄小孩呢？

然後等到小孩長大後，要是從他們的口中自己說出「這個世界上根本沒有聖誕老人」的這句話，是不是要擔心小孩會因此失去夢想，而拼命安撫對方說「真的有聖誕老人存在！不知道你是從哪邊聽到這樣的話，但是那不是事實」呢？

其實不需要因此太大驚小怪，只要順其自然表示「原來你已經發現了啊！」就可以了。

因為還是要經歷認為「什麼事都做得到」的時期，才能認清「沒自己想的這麼簡單」的道理。

在還是小孩的階段有適合這個年紀的特質，硬是要讓他們接受大人世界的東西，反倒會讓小孩適應不良。這些道理都是要等到小孩逐漸成長，在適合的時期，才能將這些東西交到他們手上來使用。

因此我所說的話只有那些對「吸引力法則」和「只要有心什麼都能成功」感到厭煩的人才有意義。不過也只要讓這些人瞭解就好，因為那些精力充沛的年輕人，還不至於到需要用養命酒調養身體的時候。

為了要說明意識並非萬靈丹的道理，接下來會有二位知名人物登場。那就是耶穌基督和佛陀釋迦牟尼。耶穌是在相當年輕的三十三歲時，因為遭到弟子的背叛，最後因為被誣賴的罪行而殘酷地被釘在十字架上頭。

釋迦牟尼的人生經歷也和耶穌極為相似，名為提婆達多的弟子多次設計要謀殺他，最後因為吃下有毒的香菇料理而腹痛死亡。

其實不只在宗教界，在精神崇拜的世界裡，耶穌和釋迦牟尼二人都是最崇高的存在人物。他們是最受推崇的大師（覺醒者中的覺醒者），能夠影響人們意識，而且具有無人能出其右的控制能力。

但是為何耶穌和釋迦牟尼最後卻都無法有幸福的結局呢？難道是他們的能力不足？這怎麼可能。要是「意識無所不能理論」被普羅大眾所認可，那麼一切會發生的事物都會是人類意識的投射，也就是讓人聯想到「原因出自於本人身上」，所以才會認為耶穌和釋迦牟尼本身「出了問題」。

當你試著去思考沒有任何人比得上這二人稱得上是「正面意象人物」的這個事實時，應該不可能會料想到他們會以如此方式結束生命。其實不只是死法悲壯，他們的人生更是充滿一連串的艱辛困境，甚至可以說他們是「吸引力法則的劣等生」。

因此我想表達的是「即便是多麼正向的人物，也有可能遭遇到與自身毫不相干的壞事」。耶穌和釋迦牟尼的人格特質雖然獲得滿分，但還是會必須承受到與自身無直接關係「自然而然會發生的事」。換個說法就是「就算是擁有正面能量的人，也無法控制任何事的發生」。

有關這個部分，我想再更進一步來試著說明。

**你的思緒和會發生的事之間根本毫無關聯。**

這個世界是充滿各種變化緩衝與可能性的場所，因此在這個世界裡沒有所謂的「絕對」。所以我才會如此大膽使用「毫無關聯」的這個詞彙。老實說，我更想斬釘截鐵說是「根本就不可能有關聯性存在」，但是對於這個世界的共識來說好像太過大放厥詞了。

舉例來說，一個男人走在路上，然後這個男人暗戀的女人從對面走了過來。其實這個男人從早上就一直想著這個自己喜歡的女人，他在心中反覆地想著對方，而且很期待兩人可以在街上不期而遇。

因為心中的願望成真，所以這個人不由得會這麼想。

「沒錯，就是因為我在內心一直這樣許願，我才能將對方給真的吸引過來！」

但是各位冷靜又聰明的讀者們，你們會同意這樣的說法嗎？其實不是因為這個男人的願望產生了所謂的意識能量，而是那個女人只是因為有事才會出現在那條路上。

這是最單純不過的事實陳述，對於那些原本不具有意義的中立意象，那個男人其實只是做了「擅自連結並杜撰故事」的這個動作罷了。他根本沒有吸引到任何東西，而且連意象都沒有成型，只要靜下心來思考，應該不難瞭解這樣的道理。

　你們會不會認為天上那些由各式各樣的星星所構成的星座，會產生了「我是獵戶座」或是「我是天蠍座之女」（＊譯註1）的自覺呢？

　刻意將夜晚天空的星星聯想成

＊譯註1：『天蠍座之女』是日本演歌歌手美川憲一所發行的第25張單曲名稱。

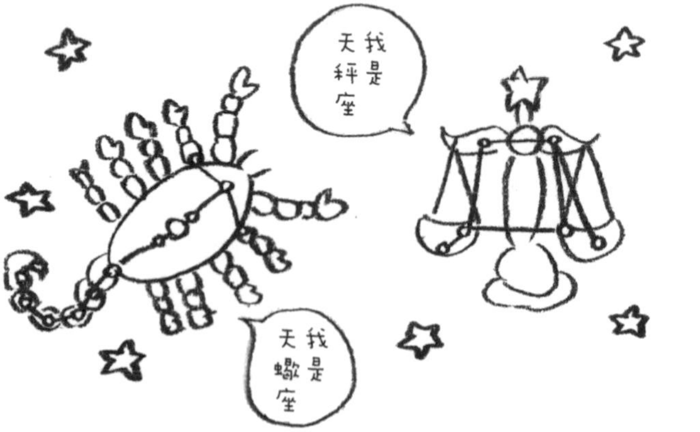


星座的星星根本從沒這麼想過！

一個圖案，這只能說是觀察者的擅自解釋，其實星星跟這些圖案根本就沒有任何關係。

然而像我們這種從事宗教與精神世界相關行業的人來說，大部分的人都會擅自去「賦予意義」。

不過隨著宗教與精神世界的不同，就能讓這個賦予意義的常態做法產生截然不同的差別。而且還會相當愚蠢地去爭辯誰是正統誰是冒牌貨，根本就是在五十步笑百步。站在對自己有利的立場來擅加解釋，甚至是賦予意義的這個動作，其實沒有任何差別存在。

最後我想說的是「靠著意識就能改變現實的想法其實是個錯覺，因為每一件事的發生都已經註定好了」。會發生的事就是單純註定會發生。

然而，具備「自我意識」這個有趣功能的我們，卻會將不經意的小事，藉由中立的意象而來加諸各種各樣的解釋，擅自把原本不相干的事物都給串聯起來。因此才會有可能出現「自己什麼事都做得到，簡直是無所不能！」這樣過度延伸的解釋。

然而即便這樣的想法能夠讓人燃起鬥志，但由於「會發生的事就註定會發生」的二元性世界理論並不符合實際情況，因此要是努力過頭，到最後可能會落得精疲力盡的下場。況且只有極為少數的人能夠過著一生順遂的生活，但只會在宇宙中的必要程度上存在，以機率來說還是只有少數。

而這些少數則是會很不負責任地秉持「只要和我一樣這麼做，那麼你也同樣能看見奇蹟！」的想法來出版勵志類書籍。不曉得有多少人會上當，還真的以為只要仿效這些方式，之後人生就會變得一帆風順。

話雖如此，但是那些心智年齡還停留在孩童時代，認為意識無所不能的人，應該還是會抱持「不，我一定能做到。我只是做得不夠好，還不夠努力，想必這當中一定出了什麼問題」的想法。

你在看電影和電視時，都是在「欣賞已經拍攝完成的內容」，因此節目才會進行地如此順利。當然這個世界上還是存在有「現場直播」的這個技術，但這也是在事前的討論、準備，以及劇本都已經決定好方向的狀況下，所進行的一個動作。

不過基本上是無法完全做到將這個瞬間的想法，隱藏在全新的純白世界當中，然後再持續創造下一個瞬間，因為現場直播還是有它的限制在。

請試著想像：鐵路鐵軌前方經常會需要有瘦弱的鐵工在持續維修線路的情景，然後當列車行進時，這些鐵軌就會在速度飛快的情況下完全密合。

接著我要說的這段話應該會讓你情不自禁笑出聲來。

身旁的人所做出的動作——不管是抓頭也好打哈欠也好，或是路旁的野草順著風吹如何擺動等物理演算，你認為光憑自己的意識真的能夠全部投射出去，進而創造出下一個世界嗎？

「每個瞬間都是自由創作出結果」的這個主張，其實就是這麼一回事。

就是因為已經準備好了鐵軌，所以列車才能在終點站之前都控制好到站時間。

雖然你的人生中已經註定好了會發生什麼事，然而「認識自我」的這個能力並不會讓你能夠預知未來所發生的所有事。因此你的人生中會充滿「和你自己所製造出來的觀念等毫無相干的事物」。

因此才會出現「無意識」這樣一個方便的詞彙，進而誤以為「自己有可能沒有自覺到，但是深層意識卻是這樣決定與盼望著」。

所以才會有極端的心理治療師主張「你可以選擇生你的父母是誰。你可以在知道自己想要怎樣的長相、怎樣的特徵後做出選擇」。如果在這樣的狀況下，你應該要大聲說出自己的不滿。

表示「我怎麼不記得我有選擇過！」其實你只要表現出自然的情緒反應就好，並不需要硬逼自己接受這樣的觀念。

這種極端的觀點只存在於合一狀態（單一意識體），即便分離成為無數個個體，但最後只會呈現出相同的結果，這種切入點真正想要傳達的是

「所有東西都是我自己創造出來的，我可以選擇所有我喜歡的一切事物」。

但是我們就算會分開，照道理說應該也不可能會忘記我們曾經參與過幻想遊戲的這個過程。

《超級瑪利歐兄弟》（Super Mario）是過去一個大受歡迎的TV電玩遊戲。現在這個電玩遊戲則是成為我的盟友—雲黑齋先生喜歡用來比喻的素材，請允許我在這裡拿來借用一下。

遊戲中的瑪利歐本身沒有自己創造出道路、磚塊、香菇和蘑菇的記憶。追根究柢才發現他只是將闖關拯救桃子公主視為自己必須要完成的使命，因此他才非得要和庫巴這個強敵對戰。

然而為什麼？怎麼會這樣？這樣的問題是不被允許的。我試著要去找尋答案，但是沒有一個人能回答我這個問題。

想要在瑪莉歐兄弟遊戲中獲得勝利，「不要將自己想像成瑪利歐」、

「這個遊戲當作單純的螢幕畫素集合」，這些極端的想法都不會是你要搞清楚的重點。而是要接受現狀，認真展現出「實際去玩過就會知道訣竅」的那個態度。

不要有所怨言，為了要救出桃子公主就得趕緊出發。因為這是一件你非做不可的事。

在這個現實的宇宙中，與其問「為什麼」（Why、What），不如將重點放在「要怎麼做」（How），這樣事情會進行得比較順利。很諷刺的是如果你的目光總是會被「為什麼」所吸引，那這就會顯現出你的「心智狀態」。

不過，要是你選擇為自己的人生努力打拼——

**你所做出的這個想要努力打拼的選擇，就已經決定了你的一切。**

這樣的回答很有禪意，但似乎也只能這麼說。

我希望各位都能夠好好思考。

新聞報導正在播放一則令人痛心的事故，父母在自家車庫停車時，因為沒有注意到小孩的位置，而不小心壓死自己的小孩。假設你是個抱持「現實中的一切都是建築在自我意識上」的信念的人，你難道能夠對著小孩的父母說出「這都是你們自己創作出的現實」這句話嗎？因為這對父母再怎麼樣都不會希望自己的小孩死亡。因此我堅決反對以任何理論來解釋這個事故的發生，因為必須要去慰藉遭遇到這樣不幸的靈魂，而且還要告訴他們說「這不全然都是你們的錯」，要留下能讓他們繼續前進的空間。

與其去在意這樣的做法是對是錯，還不如展現你同理心的那一面。因為一旦將責任問題都歸咎到「意識無所不能」的這個理論上，那個人的意識就得要負起全部的責任，這樣只會逼得對方無後路可退。

但是即便是一切都已經註定好，你也不需要有「失去自由」的沮喪情緒。因為不能預測的未來和「現在」的這個瞬間都是一樣的自由，把已經發生過的事都當作是過去，因為只能用「事後註解」方式來確認已經發生的事。

不過，就算一切都已經註定會發生，但由於這個世界的遊戲機制就是「會讓人在某個瞬間，認定『這都是我所做的選擇』」，因此也就無須怨天尤人了吧！

這就跟因為不論書籍、電影和連續劇都要到最後才能決定整個故事內容的道理相同，可是你會覺得這些東西很無趣嗎？因為這些都是已經註定好無法更改的東西，所以就不需要存在了嗎？但是我們卻很享受這當中的樂趣。

因為「能夠持續對已經註定好的事情產生興趣」是人類與生俱來的能力，完全不會構成問題。

## 泰勒的精神世界常識釐清②
## 「空的思考根本派不上用場」

在悟道系的精神世界領域當中經常會出現的一個詞彙就是「空」。

要向各位讀者簡短說明「空」的這個詞彙，真的是相當困難的一件事（※請參照最後的用語解說），因為概念過於複雜。不過硬是要擠出短短幾個字解說的話，可以解釋成「所有根源的存在」。

「說到空就是～」、「與空的境界有相關聯」等，以一種在跟朋友聊天那樣的語氣、多次提到「空」這個「具體存在於自己外側的東西」，這就是悟道系精神世界領域的現況。

「二元世界」乃是有著「現在過去未來的時間性，以及因為這樣而導致那樣後果的因果論」，如今二元世界卻為「空」這種極端一元性存在來下定義，並做為思考對象放在最重要位置，我對此做法產生強烈的不認同感。

那是因為「空」是唯一的境界，它並非以二或三做為前提，而是相對地「把一當作唯一」的絕對理論。

沒有所謂的自他分離，就只有「一」的這個概念。相較之下，我們所生存的世界裡則是一定會有二者以上的事物存在。因為不管是在哪個時代，不論是陰陽的世界，或是其他的世界，至少都是會將所有的事物劃分為陰（－）與陽（＋）的二者以上方式來做說明的相對世界。

舉例來說，在認識一個新朋友時，必須存在要進行「認識」這個動作的你（主體），以及要認識的朋友（對象）。陳述方式則是必須要有主語，也就是一定會存在自己與他人的二者以上的語詞。

而且我們在認識自己的過程中，往往都會陷入空的境界。腦袋裡會充斥著人（主體）和空（對象）的思考模式。如此一來，絕對且唯一的空境界，就會將二元性世界中居民的人類樣貌，在自己所屬的次元中剔除，顯現出傲慢的態度。而這根本就是相當粗暴的行為。

人類普遍存在「想知道更多」、「想瞭解自己不懂的事物」的強烈欲望特質，因此總是會去忽視那些不能被批評的部分，對於那些無法推論的不可能存在事物，卻將其當作是二元性的標準，這類的思考方式只能說是太過膚淺。

然後，請允許我再一次引用超級瑪利歐兄弟的來做比喻……。

電視螢幕上的瑪利歐即便再怎麼努力，他是否能夠知道在畫面之外，握著遙控器的遊戲玩家的真正心情呢？

這當然是「否定」的答案。因為在電視畫面之外的次元根本不同。二者在被隔絕的狀態下，怎麼可能會相互產生理解的情緒。

因此，只要將我們的立場套用在一次元（終極存在）的遊戲玩家（空），以及待在物理宇宙次元當中的瑪利歐身上，應該就能理解。因為不管瑪利歐多麼優秀，他也不可能知道遊戲玩家（空）內心真正的想法。

此外，也可以換個說法這樣解釋。

人類能夠感受到自己是在活著的狀態，我們認為靠著自我意志就可以做出選擇、開創自己的未來，這一切都由自己來做決定。然而在別的次元當中，卻是「會發生的事就已經註定好了」。

這就跟我們以為畫面當中的瑪利歐是靠著自我意志去跳躍、破壞磚塊以及拯救桃子公主一樣，但其實瑪利歐根本就沒有擁有自我意志，只是透過別的次元的人類玩家在操控一切。

就如同瑪利歐不可能知道玩家心態那樣，終極次元當中的「空」，因為和我們之間被隔絕起來，因此我們是不可能去瞭解那個世界。

然而世間的精神世界分析師看到了這樣的觀點後，大部分人都會一派輕鬆地表示「釐清了空的概念」或是「串聯起空的概念」。但這其實是天大錯誤的想法。

一提到冥想，一般人應該會認為讓人變得想睡就會是最高境界。但若是要強烈主張冥想當中會得到怎樣了不起的體驗，那就只能算是單純的神祕靈異體驗，與空的概念根本毫不相干。

我其實沒有要攻擊冥想的意思，我只是想要強調不論是何種手段，都不可能與空的概念扯上關係，所以請各位千萬不要這樣做。

由於在碰觸到空的那個瞬間，就會明白「自他分離」其實是一種幻想，進而失去「這個肉體是我」的身分認同感。

因此肉體就會以分子層次方式開始崩壞。接著你就會捨棄自己其實是處於分離狀態的幻想，將自己的一切融為一體。有時候你的觀點是「無」，有時候又會變成以「全部」為觀點。

《露西》（Lucy）是盧貝松（Luc Besson）導演所執導的一部電影。這部電影在敘述女主角露西的大腦百分之百覺醒的故事。隨著她大腦覺醒的百分比越高，她就更容易控制自己的身體機能和其他物質，但卻因此失去善惡標準，而逐漸變得越來越沒有人性。

到最後，現在周圍的風景都回到過去，地球的誕生，接著是回溯至宇宙誕生之前，然後再被吸入發生宇宙大爆炸前的一個「原點」。一切回歸至根源狀態，一下子就消失得無影無蹤。

電影的最後一幕是在找尋根源處的警察手機收到了一封郵件，這就是來自根源的訊息。

**「I am everywhere.」，我無所不在（到處存在）。**

體會到空的概念的同時，你就會回歸根源，這在佛教來說是「解脫」的狀態。這麼一來，肉體機能就會突然進入到已經無法繼續維持在有限時間內的狀態。

一旦出現這樣的想法，這些自詡為覺醒者的人們，之所以依然在從事人類的活動，其實是陷入並非真正體悟到空內涵的「一知半解體悟」狀態。

所以不論是多麼出名的覺醒者，帶著肉體而活躍於社會的現象已經見怪不怪了。以相同標準來說，我當然也是這樣的人。不過我是打著「完全覺醒」招牌且帶著肉體在活動的人，這其中有相當大的不同。

因為如果是真的接觸到空的概念，就不會再有幻想中的個體（人類）的觀念存在。因此我的覺醒體驗真的可以算是可爾必思飲料稀釋五倍的體驗。

各位平常應該都會看電視和電影吧？你所看到的東西應該都不是真正在你眼前上演的景象。而是在某個地方拍攝好的影像，而以間接方式呈現出來。

換個說法就是你眼前的景象並沒有真的人存在，頂多只能算是視覺體驗罷了。所以我的覺醒體驗是——

**並非直接碰觸空的概念，而是會間接看到「真的有所謂的空的概念」。**

**所以，我並不會因此呈現個體崩壞的形式，我仍然是以人類的狀態而存在。**

以擬人方式來比喻就是如果過度突顯出空的存在，那麼就會直接抹煞人類等其他物質的存在，所以是屬於要低調再三考慮的一個概念。

綜合以上的說法，即便有「空」的這個概念存在，以現在的狀況來說是不能夠直接碰觸或理解的概念，就正常的思考來說就是逼不得已的替代品。

因此，要是你有那個美國時間去用心鑽研空的概念，我認為還不如將時間拿來思考週末要去哪裡玩，去追求現實生活中更踏實的樂趣還比較有建設性。

## 泰勒的精神世界常識釐清③

# 「這個世界沒有眞理存在」

人類總是會從長遠的歷史當中尋求所謂的「普遍真理」。不分時代、場所，也不會受人類與狀況的影響，不管何時都能夠通用的絕對法則，這樣極端的理論就稱之為「真理」。

科學則是透過各種角度來觀察世界，進而計算出無數個共通性的法則。當我們在學校裡上數學、物理和化學課時，就是在學習這些法則。

在這個物理宇宙當中，比較能夠看出可以呈現具體現象的科學法則（即便如此這也不是件簡單的差事，我們要對那些用心鑽研學問的人表示敬意），其他像是宗教、哲學，以及精神世界等肉眼無法直接看到的領域，就沒有像找尋物理法則那樣容易了。

不，應該可以說是會陷入極端混亂複雜的狀態。

肉眼無法看見的世界，就無法像數學那樣算出個答案來。因為會隨著時代、國家與個體的不同，所產生的價值觀內涵就會有天差地別的差異存在，根本就沒有辦法歸納統一為相同類別。

人類歷史已經發展到一個程度的現在，宗教與精神世界的數量到底有多少呢？即便冒牌的門派會被淘汰消失，唯有真正說出本質採取低調姿態的門派才能存活下來，然而數量還是在不斷地增加當中。

那麼，到底要如何分辨哪些是正統派別？哪些又是所謂的真理呢？這是只有出現在有眾多選擇權的現代才會有的煩惱。而且有時還會因為過度沉迷於自己所信奉的宗教或精神世界派別，進而產生「這才是真理，其他都是有問題」的想法，導致與其他教徒出現對立的情形。

在出現兩個完全相反意見的情況下，人類通常會去思考「哪一個是對的，哪一個是錯的」。因為我們從出生以來就是接受這樣的教育方式，以某種程度上來說是無法抗拒的自然反應。

那是因為考試一定有正確和錯誤的答案存在，所以你才會認為自己必須找出正確解答。

同樣的道理也能夠套用在宗教與精神世界領域，對於自己堅信的部分當然會認為「這是正確答案，完全沒有問題」。

再加上人類是屬於很容易為了「利害關係」而活動的存在個體，因此會在不願意受到傷害的動機驅使之下，而來選擇正確或是錯誤的答案。

你是否有思考過存在於這個世界的「唯一真理，唯一正解」的看法，就是讓這個世界陷入不幸狀態的兇手呢？

**就是因爲人類的數量衆多，而有各式各樣獨特的看法，而且永遠無法統一。**

有一個人是這麼認為的。

之所以會產生紛爭的原因就是價值觀的不同。所以只要統一價值觀，那就不會有爭論的情況發生。這道理很簡單，就是如果以地球規模方式來這麼做，統一所有人類的價值觀與思想，這樣就不會有問題發生了。

而大多數的宗教也都是採用同樣方式。

基督教想要讓世界上的所有人都成為基督教徒，即便最近一口氣大量增加了許多的新興宗教，但是基督教還是將目標放在如何透過傳道方式來將教義傳送至世界的各個角落。

不過這樣確實會給人壞人集團在打什麼鬼主意的印象，因為認真參與其中的人不會有「注意到身邊變化」的自覺。

而在歷史上採用這種方式，最後卻失敗的代表例就是社會（共產）主義。以一個思想體系為基礎，企圖施行做為磐石的支配體制，越是積極要去實行，情況就會越陷入泥沼。明明應該是在追求理想，但卻在過程中被極端的自我矛盾給毀滅了。

這個部分可以參考日本在一九七二年的聯合赤軍所發起的「淺間山莊事件」（*譯註2），只要去探究一連串的來龍去脈，應該就能夠理解箇中道理。而北韓現在似乎還是在朝著這個目標努力當中。

想要統一眾多人的思考與信念的這個嘗試，到頭來為何會進行得如此不順利呢？

其實原因相當單純。我問各位，每個人是不是長相都不同？就連個性也不例外。這個世界上有如此多的人，你是否能夠認同「一個人絕對找不到和他一模一樣的人」這樣的論點呢？

因為不論是抱持什麼觀點而形成的人格（填充物），通通都會是因人而異，所以絕不可能出現完全相同的思考方式。不對，正確來說實際情況遠比這還要複雜許多。

舉例來說，即便是同樣信仰佛教與基督教的教友，對於教義的理解程度與認識的突破口也完全不同。因此就算他們是朋友，教友們之間的意見與解釋方式也會有所差異，進而導致內部出現爭吵與分裂情形。

但是人類卻在不瞭解這樣單純道理的情況下，卻夢想著以自身的信念

---

＊譯註2：淺間山莊事件：發生在1972年2月19日－2月28日期間，日本聯合赤軍五名成員，在淺間山莊犯下囚禁山莊管理員妻子長達十天時間的綁架事件。

來席捲世界，然而這樣只是一整天虛耗體力的作戰罷了，而且是一場名為「硬要加諸價值觀」的戰爭。這幾乎是人類漫長歷史中，人們努力過程中的最佳寫照。

其中被譽為勝利急先鋒的，則是在世界上最廣為人知的基督教，但相關教派很快就失去團結力，實際上有超過四百個以上以天主教與基督新教為基礎的不同宗教存在。

因為我很認真在宣揚基督教，所以我也是會透過佈教活動，熱衷於「硬要加諸價值觀」的其中一人。

就因為我是這樣的一個人，所以當我接收到「這個世界沒有真理存在」的訊息時，奇怪的是我真的產生一股被救贖的感受。

然而，以正確與錯誤做為判斷基準，試圖來比較或是檢討最重要的「信念」，這樣的價值觀其實不會為各位帶來幸福。

因為在個性、生活背景截然不同的人們之間，永遠不可能找出意見的平行線以及妥協點。

**人們將最符合自身利益的事奉為「真理」的這件事，才是所謂的真理。**

我提出在精神世界信念相關的部分導入「社團活動」的這個概念。社團活動可以有相當多的選擇，其中有比較受歡迎，會吸引許多人加入的像是足球社、棒球社、吹奏樂器社，也有比較冷門，但一定會有少數人加入的「漂鳥社」（*譯註3）、「相聲研究社」、「漫畫、動畫同好會」。雖然各個社團的人氣程度和樂趣不同，但是每個社團都是必要的存在。

如果學校裡只有「棒球社」、「足球社」、「籃球社」、「排球社」，而且還不能選擇加入回家社，就算討厭社團活動也要選出一個社團，那麼會出現怎樣的結果？即便這四個社團都是相當受歡迎的社團，會讀書的人又會怎樣選擇？又該如何滿足那些喜歡小眾興趣的學生需求呢？

*譯註3：漂鳥社，以徒步旅行山林方式來鍛鍊身體的社團。

因此不論是家政社、書法社或是手球社都有存在的必要。
棒球社是對的選擇，相聲研究社是錯的選擇；足球社是正義，漫畫研究社是邪惡。這世上不存在如此離譜的觀念。每個社團團員都有他存在的價值，要是出現認為對方社團無趣的爭論，那又會如何？
其實最好的方法是保障每個人能夠開心從事活動的權利，彼此尊重對方的不同之處。

到目前為止，秉持不同真理的教友們（宗教、精神世界）在相處上並不是很融洽。不過他們也已經從之後的時代要統一價值觀的妄想中畢業，而突然進入到不同信仰教徒相互尊重的「成熟新時代」。
因此我將自己的部落格世界，以及造訪我的部落格，對文章訊息有同感的這個場所特別取名為「泰勒社」。當然所有的思想、規定都必須以社團活動的理念為基準，所以才會出現這樣的形容方式。
如果將世界上主流的精神世界領域比喻為棒球社，那麼我的泰勒社應該就會落在「相聲研究社」的位置。

但是即便加入的成員不多，這個社團還是有存在的必要，因為內容就一定會吸引到那些有需求的人。我不需要響亮的名聲，因為我已經做好了在逆境中繼續擔任社長的心理準備了。

還是乾脆豁出去創辦一個我有興趣的「松平健森巴舞社」好了……不過這樣的社團到底是有誰會想來參加啊？

表演這種突破式的舞步

## 泰勒的精神世界常識釐清④

# 「精神世界不需要整合」

在精神世界的領域裡，有些人相當在意「整合性」。這應該要這樣做，那應該要這樣做才對。但是這麼做的後果又會是如何？這些動作到底會帶來怎樣的影響？

這一類的質疑經常都會出現在部落格以及演講現場的提問中。由於要一一回覆對方的提問很麻煩，所以我就在這裡直接明講。

**在精神世界的領域中不需要所謂的整合性。**

理論性、整合性，以及更深入一些的物理與數學，這些都不屬於宇宙的真理。

## 它們都是創造物。

這些都跟地球、動植物等沒什麼兩樣。尤其是物質類的東西，恆常不變的真理就是：都不是從一開始就存在於宇宙之中。因此這都只能算是單純的創造物（幻想），所以，想要在肉眼看不到的世界與超越這個世界次元的領域裡，去推測事情的發展確實是會進行地不是很順利。

除了進行的不順利之外，也鎖定了錯誤目標。只因錯認「整合性與理論性原本就存在於宇宙之中，這個存在的事實沒有必要去批判」，所以這個世界才會顯得如此束縛。

而「奇蹟」之所以很難發生，就是因為有這樣的前提。因為大家總是以理論或是科學方式去思考說「不可能會有那種事發生」，所以這些願望才會很少有實現的機會。

這就表示總是主張奇蹟會多次發生的耶穌基督，其實是從理論性、整合性與物理性的束縛中掙脫的自由之身。

整合性與理論性之所以會一直被拿出來討論，就是因為只看到這個世界的某一個部分。在能夠隨意選擇各種精神世界訊息的情況下，或許有人會對這樣的現況提出批評，但若是考慮到整合性，那又會開始去思考「何者為真？」不過──

**精神世界的訊息不是用大腦聆聽的東西。**
**而是要用心去聆聽，有些甚至會讓人感覺不像是在聆聽。**

你會對小孩和大人說同樣的話嗎？你會對著完全信任你，能夠單純傾聽你話語的對象，以及對你抱持疑問，總是在等待你出錯，然後再補上一腳的人都說出相同的話嗎？還是你會考慮到對方的年齡、性別、個性、心理狀態等因素，就算是相同的話，也會改變說話或是表現方式呢？將彼此的說話內容比較之後，就算出現表面矛盾，無法取得整合性的言論，這似乎也不足為奇。

總之就是要視狀況、對象來調整說話詞彙與強調的重點。如果只是套用制式規格來詢問意見，那就無法達成目的。

在你眼前的廣闊世界以及宇宙，雖然充滿幻想，但其實卻是隱藏有無限可能性，光憑靠自我這樣渺小認知範圍，是無法完全掌控的豐富世界。

然而，各位卻是將出生之後才開始接觸的數學、物理、理論性與整合性當作是神明一般在崇拜。

的確，我們是從當中獲得許多生活上的恩惠，應該對此表示感謝，但不至於要將這些推上神壇。但由於這個世界有所謂的科學偏重主義（重視理論性、整合性），而在不自覺的狀態下，將世界的豐饒當作是單調。

將解釋宇宙這件事打個比方，就像是將紙張對摺。

你覺得：「理論上這是不可能的。」此時對摺一次，面積變成原本的一半。然後又心想：「這種事和那種事，不可能發生吧？」於是又對摺一半。結果，紙張變成原本大小的四分之一。你所看到的宇宙也不會是原本的宇宙，而是會變得越來越狹隘。

對人類來說，去追逐各式各樣的情報，然後做出限定結論的作業才是有意義的行為。

所以說，硬是要去取得理論的整合性是人類不好的習慣。如果想要在這個遊戲世界中獲得幸福，以下是我想對你說的話：

**想要從肉眼看不見的世界中取得整合性，越是這麼做，你的世界**

**就會越變越小。**

接著在第2章我會整理出訊息中基本的根源論內容，至於能運用至現實生活層面的訊息，則是會留待第3章再來介紹。期盼以基本↓應用的內容編排方式，能讓各位讀者更容易掌握重點。

# 第2章　宇宙腳本與這個世界的結構

## 這個世界是遊戲的世界～宇宙的成立

我希望你現在想像自己是一位電玩遊戲開發者，也就是所謂的電玩遊戲工程師。

假設你接下來要構思出一套新的電玩遊戲。在這樣的情況下，你會想要製作出怎樣的遊戲內容呢？

你應該會想將身為製作者的你感興趣以及世界觀放進遊戲當中，像是打鬥類、音樂類、戀愛養成類、紙牌類遊戲以及象棋、西洋棋類等一般沒有任何爭議的遊戲類型。

但是在製作電玩遊戲時，其實有一個必須要特別注意到的部分。那就是——

**要以怎樣的風格來出題（遊戲中的關卡）。**

如果遊戲中完全沒有陷阱，那麼就沒有敵人，玩家也絕對不會死掉。但是這樣的電玩遊戲就不算是電玩遊戲了，而且也沒有人會想要玩，更不會想要購買。

所以為了要讓電玩遊戲變得有趣，在製作上當然會考慮到要怎樣設定闖關方式。換句話說，就是要做出讓消費者面對困難的一項作業，但是製作者絕對不是因為討厭會購買電玩遊戲的消費者才這麼做。

**而是要爲了遊戲玩家來製造難關。**

那麼身為製作者的你，在構思遊戲內的怪物和陷阱時，或許還是會帶著興奮的情緒。事實上在這裡，這個世界裡產生的某些存在，其實和我們所操控的電玩角色之間是最不和諧的一個部分。

因為那個世界是「完全、絕對、永恆」，也許對人類而言會產生「羨慕」的情緒，然而在那個世界裡的「完全」就是指「什麼都不做也沒關係的意思」，也就是所謂的「無趣」。

**絕對且完全的概念其實是超越我們想像的痛苦。**

**或許我的這番話不是那麼中聽，但是「完全」就是指「在那個狀態下只要有些微的動作，就等於放棄掉完全性」。**

因此對於「完全存在」的這個概念而言，要是超越「存在」的這個概念，就會讓風險擴大。但是空（禪）則是在瞭解風險潛在性後，仍舊是創造了這個二元性世界。

就是因為不會想試著去完整觀察自己的內心可能性，所以才能享受這其中的樂趣。而在這如此強烈的意志面前，所創造出的世界成為與本身的「完全」差異極大的那個風險，其實並不會如想像中的那樣嚴重。

所以就不能在「合而為一存在」的狀況下進行觀察，而是必須要有「二」以上數量的分離狀態。在分離之後，接著就會想要從無數的「個體」觀點開始來嘗試各種不同的體驗。

藉由這樣的「個體式體驗」，對於自覺到自己原來是屬於完全且絕對的永恆存在的狀態，就不會感到不安害怕了。但也會因此缺乏了參與遊戲的那股興奮期待感，讓整個遊戲變得不那麼有趣。

因此神意識才會刻意讓個體產生「自己是並非全能且渺小人類」的想法，大膽將神意識給封印起來。如此一來，人類認為自己是神的相關記憶就會喪失，直至今日都還在上演規模龐大的人類歷史劇。

舉例來說，請試著想像自己向初戀對象告白的場景。

心臟撲通撲通快速跳動，血液在沸騰的那股緊張感。心想要是被對方給甩了該怎麼辦，這樣以後還要以同班同學身分待在同一個空間裡，感覺還真尷尬。

這一類的思緒逐漸湧上心頭。然而最後卻還是敗給了自己的那個消極心態，結果在沒有向對方表白的狀態下就畢業了。只留下「單戀就是苦澀」的那一夜青春記憶。

另一種情況是，還是很喜歡對方，心想這次如果沒有跟對方告白，那就會永遠後悔。有時候這股動力會超越了負面的思考能力。這樣的思緒（情感動力）就會將那些微不足道的理由給消滅掉，就會有實際去向對方告白說「我喜歡你！」的行為出現。

空（一開始的意思、理由契機）就是帶著相同思緒來想要創造出這個世界，而且也想來進行觀察。即便知道大膽創造出二元世界會惹來許多麻煩事，但是度過難關的那股毅力相當吸引人。於是這個世界的遊戲就此展開。

而且生活在這個世界根本就不是一種義務，這些根本就是不做也沒關係的事。然而我卻選擇大膽去做這些不做也沒關係的事（而且做了還會惹上一堆麻煩事）。

情感動力能讓你意識到根源存在，換個更普遍的形容就是「熱情」。什麼都不做就不會有問題發生，這樣誰都不會受傷。

但即便內心的某個部位瞭解這樣的道理，人類還是不能沒有感情的這場戲。即使知道有一定的風險存在，就是沒辦法不去愛人。

同理可證，創造出這個世界的意識，當然也知道一旦開啟了這場遊戲，就會是一段沒有盡頭的旅程，但還是勇於冒險。傻傻地去參加了這個有資格被愛的世界冒險旅行。

## 人類是朝著過關目標前進的電玩角色

### ~這個世界代表的意義

接著就以這個方向來繼續談。要是身體會對完全存在的個體分離意識感到著迷，那麼就會因此明知故犯地去蒐集這樣的體驗。

但是，這樣的損害則是會讓喪失了神意識記憶的「人類本性」給顯現出來。

如果要成為在神意識遭封印的狀態下，以電玩遊戲角色的身分進入這個世界的人類，就會因為討厭面對問題（遊戲關卡）而感到苦惱，所以不願去克服困難。這樣的落差表現其實就會牽扯到一元性、二元性大規模遊戲的重點所在。

仔細想想，電玩遊戲等代替品其實不具有任何應盡義務。

而且從來沒聽說過有學校會將電玩遊戲當作是作業。扣除少部分的例外，電玩遊戲分數高，也不見得能夠賺大錢。明明就是不必去玩的東西，但是大家卻願意花錢去購買電玩遊戲。

玩電玩遊戲的這個行為，換個形容方式可以說就是「對根本不屬於相關義務的問題，逕自因喜好而去實踐的行為」。因此情緒上總是會隨著做得好或是做不好而有好壞變化。

## 我們的靈魂本質爲何總是充滿著被虐因子！

空（合一性）真的是好事者。

就算是電玩遊戲挑戰失敗，難道警察和國家權力會說「你怎麼能夠失敗！」，接著就逮捕你嗎？

而且，當你抵達最後一道關卡時，國家難道會表揚你說「表現得很好！」，然後頒發給你國民榮譽獎嗎？

因為不管你的電玩遊戲是成功還是失敗，都不會對你的真實人生造成任何影響。這只是「沒什麼了不起」的意象，在我們所生存的次元當中習慣被形塑為「很了不起」的樣子罷了。

但要是我們在電玩遊戲中的角色「真正」出現在這個世界上，那麼就算是失敗也不會是壞事。反倒是能夠提升電玩遊戲的精采度，會是讓人想繼續玩下去的。

事實是，不管這個三次元電玩遊戲世界裡發生了任何事，這都只是電玩遊戲。對於原先的空、神意識、合一性而言根本就不會造成任何影響。這就跟當你在玩電玩遊戲時，不會因為操控失誤電腦角色死亡，連帶你也必須失去性命的道理相同。

這表示這個世界裡所發生的所有事，以極端角度來看，都可以說是「不具意義」。但由於言語很容易會造成誤會，一般人聽到「這個世界裡所發生的事都不具意義」這句話之後——

## 這個世界的一切都是虛有其表，所以是一片空白又無趣的世界？

其實人類很容易陷入這種「沒有○○，沒有○○」的空洞虛無思考當中。但事實並非真的如此。

所謂的電玩遊戲就是要玩得開心不是嗎？而且電玩遊戲本身也具有它自己的世界觀和存在的意義不是嗎？但是這些都只能算是在電玩遊戲中適用的限定「意義」。

在超級瑪利歐兄弟的遊戲中必須去解救桃子公主，但是在現實生活中如果你說要去解救桃子公主，那只會被別人當作是頭腦出問題的人。即便在戰鬥類電玩遊戲中拿著機關槍拼命掃射敵軍，也沒有人會在現實生活中真的這麼做（不能說完全沒有這個可能，但這就必須遭受法律刑罰）。

因此說這個宇宙不具有意義，並不是指空白的「不具意義」——

**有意義與否的判別只限定於電玩遊戲內。**

**對於電玩遊戲外的世界不會造成任何影響。**

這樣的統整方式我覺得其實很不錯。

設計出這個宇宙電玩遊戲的製作者，也是會站在玩家的立場來玩電玩遊戲。因此在闖關的過程中，除了享受電玩的樂趣之外，也要征服遊戲規則企圖往前進，就是要以過關為目標。

那麼要怎麼做才能以過關為目標呢？

## 操控電玩角色，將其引導至最安全的道路。

不過由於這是電玩遊戲，不可能一路順利闖關。再說完全按照想像的電玩遊戲，怎麼能稱得上是電玩遊戲呢？當然是要遭遇到不確定要素，帶著驚慌的情緒才會好玩。

但即便闖關失敗，不放棄的玩家還是會選擇去多次挑戰。絕對不會因此就捨棄這個電玩遊戲，即便闖關的進度停滯不前，也會換個角色再持續挑戰下去。

不論是何種類型的電玩遊戲，或是遭遇到多麼險惡的困境，遊戲製作者還是會朝著最佳目標來持續修正設計路線。

「宇宙總是會引導我們走上最好的道路」，這樣的教誨就是所謂的精神世界。這句話並非按照字面上「經常會有好事發生」的意思，而是在描述「不管在何處都朝著最佳目標來修正路線」的這個狀態會持續下去的意思。

以精神世界層面來說明，就是指「現在的這個瞬間就是最好時機」。不過要是真的套用這樣的思考方式，那麼電玩遊戲就未免太簡單了，而且還會導致這個瞬間呈現完全緩滯的狀態。

即便現在就走在最好的道路上，但還是要將目標設定為次要（以更好的狀態為目標）的狀況裡，然後去解決問題，想辦法讓事情朝好的方面發展。這樣刻意營造問題，解決問題後感覺愉快的找碴性格，才是我們人類的本質。

另外要再說明的是「這個幻想電玩遊戲」是否有結束的時候。

關於這個問題有二個答案。一個階段的終點是存在的，但是以會永遠持續不斷劃分階段的觀點來說，卻會是沒有終點的狀態。

「個體」的分離意識有靈魂的旅程終點存在。以個體身分擁有各種角度的觀點，體會各種情感反應，然後看穿世界的本質。近代很少有這樣的實例出現，不過釋迦牟尼的「解脫」意境倒是還蠻近似於這樣的「終點」概念。

各位讀者，所謂的電玩遊戲是只要玩到一款讓人滿足的遊戲後，你就會因為感到滿足而將這

就算住在最棒的世界，
2個人也會感到寂寞。

款遊戲軟體丟棄嗎？然後再也不玩了嗎？

應該不會有這樣的情況發生。玩膩了這個遊戲，則是會再去購買「新電玩遊戲」來玩。我希望各位能夠瞭解到，不滿意人生只有一次的狀況當然會「持續」發生，但是度過難關後，又會開啟新的電玩遊戲，而這就是宇宙。

這麼說來，耶穌和佛祖其實過得應該還蠻無聊的，或許他們還會在你的身邊玩最新的電玩遊戲也說不定，這簡直就跟《聖☆哥傳》（＊譯註 4）一樣嘛！

譯註 4：《聖☆哥傳》：日本漫畫家中村光的作品，內容是在敘述佛教與基督教創始者的佛祖和耶穌，二人在世紀末後到人間度假，並在東京一起租了公寓生活的故事。

## 終極存在的「空」是社長，「神」則是部長、課長

### ～如何拉近與靈體之間的距離

說了那麼多，為了不要讓各位產生混亂，現在我要同時利用「空（超根源）」的概念，以及「神（創造這個世界的某種意識）」的概念來做說明。接著要來介紹終極存在（空）以及真正從這個世界產生的意識（神）除了縝密之外的另一個存在面貌。

自古以來就一直流傳到現在的其中一個爭論就是「到底有沒有神的存在」。至於答案則是看你要如何定義神的存在而有所變動。

在這個世界裡，如果說主張「沒有比祂更崇高的存在，祂就是最高頂點」宗教稱其為神，那麼換作是悟道系精神世界領域就會是「空」的概念，不過這樣也會衍生出一個微妙的問題。

由於人類從以前就是透過宗教，進而產生了神的確存在的想法。就像是基督教的教義內涵那樣，西方人普遍來說所抱持對「神」的看法為——

**①有意義的存在。誠如聖經等出處所記載，神會說話，而且會帶著某種意圖在人世間發揮各種效用。**

**②這個宇宙的創始者。**

**③人類的美好表率，像是「愛」與「良善」等……，這些都是以純粹涵跨一切的基礎。**

**④換個角度來說，就是在思考沒有完全的「惡」，或是「人類不良善的要素」（當然會因宗教而有所不同）。**

人類對神（並非指眾多的神，而是指唯一信仰的神）所抱持的印象，大略來說不外乎就是「擁有自我意識」、「遵循意識在修行大業，可掌控世界的一切」。

而要說到覺醒的這個現象，所引導的這個崇高存在所下的結論則會是——

①空沒有意識存在。零、虛無，這些是人類不可能會認識理解的概念。

②因爲不具有意識，所以「不會做任何事」。因此創造出這個物理宇宙的就不會是「空」。

③愛、良善、光亮等詞彙的屬性並非如此限定廉價的存在，而是代表「一切」。

④對於一開始就沒有相對性的絕對融合唯一的世界來說，並不存在善惡與明暗等陰陽對照的概念。

⑤由於是終極的存在，所以可以說是代表「一切」，或者也可以解釋爲「無」的概念，代表一切的同時也是「無」的狀態。

這就是爲何會說這個世界其實是個幻想（夢想）的緣由。

不好意思，因為以文字來說明只能用帶有禪意的問答，那種好似有煙霧繚繞的方式來做陳述。

不過我也只能這樣解釋。總而言之，要能夠理解這番話的重點在於實際上存在的神（崇高存在），其實和我們所想的宗教神等印象是截然不同的這件事。

尤其「神沒有意識」的這個說法，對於有二千年以上歷史的全能神、愛神的西方基督教文化圈的人們而言或許很難接受。不過終極一元性存在的「空」，就跟字面上意思一樣是指「空洞」的意思。

至於被問到「是否有崇高的存在？」答案會是「有」，但是以人類所認為的神等意象來說，答案則會是「沒有」。

不過要是有人說「那樣的極端存在並不會被稱之為神」，那就會是「神不存在」。我認為「是否有那個意義」之所以會成為最大的爭論點，應該可以解釋成～因為即便是稱「沒有意義的存在」為神，這件事本身也不具意義。

我在歷經覺醒體驗，從「零」到瞭解「空」的概念後，我是這麼想的。

「原來這傢伙什麼都沒做。」

因此這個世界的創造者就不會是「空」。

雖然傲慢地說空什麼也沒做，但可以確定的是「空」還是具備老大資格，以這個觀點來說，應該可以勉強說空是「創造者」。這就跟以前很紅的笑話，「建造大阪城的人是誰？豐臣秀吉？才不是，是木匠工人啦！」的概念還蠻相似的。

即便是創造者，但是空卻沒有做任何動作。但是以這樣情況來說，即便這個說法不是那麼完全契合，「空」雖然沒有跟豐臣秀吉一樣下達「建造大阪城！」的命令，但以比喻來說比較可惜的也只是不能完全一致的部分罷了。

不過在此就產生了一個大問題。

**某樣東西的「存在」，其背後必定有原因存在。**

**因此雖然說是幻想，但是有這種世界存在，就是代表必定有某種**

**意圖存在。**

**但是神（空）卻不具有意識，也就是自發性地什麼都不做。**

**那麼究竟是什麼創造了這個世界的呢？**

之所以會產生這個疑問的背後原因，其實是某種程度上的人類「錯誤解讀」。因為那是衝動「以這個物理宇宙次元（二元性世界）的理論為基準，來測量完全不同性質的終極次元（空）」所得到的結果。

的確這個世界的規則是「沒有起火的地方不會有煙霧產生」，或是「結果背後必定有相符合的起因」。

因為相信這個世界的存在，所以世界就會存在，然後再去思考「誰」創造了這個世界。所以才會單純產生「應該是極端原因創造了這個世界」的想法。

但是就以往對空的考證來說，我們知道「空」並沒有做任何事。只要抱持「在那個世界裡的原因與結果，也就是因果關係的法則或許根本無法發揮效用」的認知就足夠了。

將這個世界的基準套用在那個世界的身上，對於「空」這個我們完全一無所知的次元既然存在，那為何還要用二元性世界的「創造者」概念加諸在對方身上呢？

即便「空」什麼事都不做，跟這個世界是否存在一點關係都沒有，那個世界沒有原因卻有結果也沒什麼不好。

**雖然說沒有火就不會冒煙，但其實還是有可能會發生。因爲還是有所謂的水煙式殺蟲劑啊！（笑）**

至於能夠創造這個世界，那就應該是相當高次元的靈體存在。宗教裡所謂的神，就是有自我意識以言語來干涉人間界。因此並非一元性的空，而是接近二元性的靈體存在，才是宗教所謂的「神」真正面貌。

硬是要做出比喻的話，「創造神」就類似於中間管理職，而「空」則是社長。而這位社長只是傲慢地坐在椅子上，什麼事都不用做。因此社長的下屬實行部隊，也就是部長、課長等級的職員，就會是高次元的靈體存在。這是經常被拿來使用的比喻表現方式。

不管是神、天使長、守護神、高度自我，擁有高文明的〇〇星的外星人，或是聖靈。

這樣的概念會因為人與時代的不同，而出現截然不同的看法與表現方式，不過這些其實都是同一個（自他基準為「同族」）存在。至於在其底下的就是所有的人類。

在大企業工作的一般職員（人類）很難有機會見到社長。如果沒有通行證，就算是職員當中的菁英也不能進入社長室，要是沒有事先預約根本見不到本人。要硬闖進入還會遭到保全系統制止，被保全人員給擋下。

要是我們有事想要跟社長說，實際上還是要先跟直屬上司（課長和部長）說。上司想見你就會見你，願意和你說話就會和你對話，因此比起社長可以說是比較貼近的存在。

因此我們應該聯繫的對象，接受訊息且相互交流的對象，就是掛名為高次元靈體存在的部長與課長。他們創造且觀察干涉世界的人。所以說與終極存在（空）的對話，或者是與「空」聯繫上，這都只是理解錯誤下的產物罷了。這些雖然只能算是與高次元接觸的現象，但是由於透過帶有願望的要素手段，因此才會引起這樣「不知者無罪的誤解」。

當然以極端的觀點來看，那個高次元的存在就是你自己，到最後發現所有的一切都是合而為一（唯一的實際存在），只是一個人在演一齣規模龐大的戲劇。

## 你的眞正面目是神以及整個世界

### ～接觸無限能量

經常會聽到「能量場所」這個說法。

有別於自己平常會進出的場所，這種地方具有特別的力量，另一種說法是有能量的地點。一旦去到這些地方，就會產生一股「『能量』填充進入自己體內」的感覺。

現在「這種感覺」的表現方式，我認為以當事者的經驗來說，應該是真的有這樣的事會發生。只是不知道這對生活在這種世界的人類來說具有何種意義。

而真正在能量場所獲得力量，以及很珍惜護身符和能量石等小物的人則是——

**生活在相信除了自己以外的外在環境具有特殊力量的次元。**

實際上真的有這樣的效果在。不論是靈魂能量或是神社等知名場所的能量，都會覺得遠比自己的能力還要強大。追根究柢就是因為相信自己的能力有一天會逐漸消失。

換句話說就是認為如果不能從其他地方獲得能量，就會變得越來越缺乏，光靠自己的力量還不夠。不過在下一次的覺醒後，整個情況又會有所改變。

**你就是神。**
**你的真面目是隱藏著無限能源的神意識。**
**你和世界是一體的。**
**你是世界的一部分。**

我認為能感受到這樣的能量和你身在何處沒有多大的關係，這跟在自己的家中，在附近走路，或是去其他特別的地方旅行都沒有任何關聯。之所以會有不同的感受，應該只是情緒的轉換所導致。

應該要避免出現「一定要這裡、一定要那裡，不是那裡就不行，這裡不適合」的價值判斷。調整心態這樣才能瞭解到不論哪個地方都一樣的這個道理。

因為不管在什麼地方都能夠與無限的力量來做連結，而且這樣的地方就跟便利商店一樣是二十四小時營業。

**我在的地方就會成爲我的能量場所。**

我不需要多麼有價值的護身符或是開運小物（能量石等），因為我自己就代表一切。自己的外部存在著高度能量來源，不能從那些地方獲得能量，就會導致自己的能量不足的說法都只是幻想。

肉眼確實能看見自己與世界分離的樣子，但其實是一體的狀態，因為本來就不存在有所謂的界線。

不過還是必須補充說明某個部分。

我並不是在否定治療、能量石和護身符等手段，也不是因為認為不需要這些東西，而想要和那些相關人員爭論。

想像一個小嬰兒從小到大會經歷的階段。小嬰兒不喝奶就沒辦法活下去，上小學後就會有符合他們年紀的進食學習方式。

再來是中學生、高中生、大學生……。長大成人後不管吃什麼都不會有問題，知識面的成長也會有顯著的提升。

相同的道理也可以用來說明人類的靈魂也有分階段，隨著各個階段所需要的東西也會不同。靈魂有階段之分的說法當然是幻想，但由於我們是為了來玩遊戲而來到這個世界，因此就會存在只能適用於其中的區別。

所以並不是在說可以靠著自己發電的覺醒者才是最好，需要仰賴外部的多數就是不對。

**一切的價值都相同。**

因此幫助小學生學習的教科書與教材都是必須存在的東西，而到了中學生時期，也會有適合那個階段的教材與文化，有讓他們開心的事物存在。

這也就表示必須要有護身符和能量石存在的靈魂階段，當然可以擁有這些東西。只不過當靈魂的旅程獲得一定的成果後，這些東西就會變成是興趣了，必要性也會隨之下降。

這就跟大學生看到小學生，心裡不會出現「對方程度低下」的愚蠢想法是相同的道理。因為成長階段所需要的各種協助都是理所當然的。

這應該不難想像，就跟隨著階段不同就能夠拿掉自行車輔助輪一樣，人們會在不久後的將來逐漸降低對外界的依賴感。

只不過這樣的說法，還是會有人會在雞蛋裡挑骨頭。

「完全不依賴外界是指絕對不去外面吃飯嗎？不喝水就OK了嗎？不呼吸空氣可以嗎？」

我希望各位能夠以人類來到這個世界為前提來思考。

**完全的存在因爲無聊而來體驗「不完全的感覺」（電玩遊戲）。**

**各式各樣的電玩遊戲舞台設定，都是這個世界所施予的狀態（物理法則。沒有空氣就會死；從高處掉落就會死；不吃東西就會死；壽命將盡就會死）。**

**電玩遊戲如果無視於這些規則就會失去樂趣。**

近年來出現了「肉體不死」或是「不吃東西也能活下去」之類的精神世界討論話題，但由於話題的焦點過於模糊，所以在此就不再多做論述。

即便人類進階到三次元角色程度，靈魂達到成熟階段，在此之前一定會有限制存在。

因此我需要空氣，也需要水，當然也必須吃飯。

但這並不是弱小的表現，因為我們是為了享受這樣的樂趣才來到這個世界。

要是能超越這樣的程度，當然會是件很了不起的事，但是這樣不就會失去活在這個世界上的意義了……？

我聽過有人幾乎不吃東西也可以活下去，還有幾乎不需要睡眠也能存活的人。在印度那附近好像有這樣的人（當然還有我不知道以相同生活方式活在某處的人）。但是這只會讓我心想「所以這又如何呢？」

那個人是那個人，我是我。

不是在說什麼是好什麼是不好。

我希望各位要記住你的靈魂不管在哪一個階段，「現在這樣的你」是最佳狀態的這個道理。不要陷入自己和他人比較的陷阱當中。

我不是說絕對不要相信能量場所，或是不能依賴能量石，只要能夠以自然的態度去接觸這類東西就好。要是你的內心真的很喜歡這類東西——

**「能量場所好棒！能量石萬歲！感謝靈魂能量！這眞是太棒了！」**

……那你只要在心中大聲吶喊就好，絕對不要做出超乎自身能力範圍以外的事。

## 「悟道」只是遊戲中的密技

### ～發現宇宙機關的方式

精神世界中經常會提到的「悟道」（覺醒）到底是什麼，說了那麼多其實只有稍微碰觸到相關內容。詳細說明請參閱卷末泰勒用語解說中的【覺醒（者）】解釋。

大致上就是指自己與世界沒有分離，一切合而為一（合一體驗），就我的觀察來說，我認為的個人覺醒基準則是「終極的根源為絕對的無」。

這個世界因為是遊戲的世界，如果要說「絕對的存在是為了享受限制」，那為何不讓這樣的狀態永遠持續下去呢？

因為所謂的覺醒就是「清楚瞭解到這只是遊戲（幻想）」，站在享受遊戲樂趣的目的立場來說，這樣就會變得「掃興」。

為什麼在肉體置身於幻想的高潮階段時，會產生自己發現這是幻想，然後出現覺醒（悟道）等現象呢？接著我就要來解開這當中的謎團。

雖然說到現在已經很少人會提到了，不過在以前電玩遊戲相當盛行的那個時期，其實很流行去追求所謂的「密技」。

除了正常玩電玩遊戲外，這個畫面要如何操控，或者是隱藏角色怎麼現身等，總是會想去找尋那道隱形門出現的捷徑。

但這其實是遊戲開發者在電玩當中所架設的創意。

而玩家則是會持續找尋當中的奧妙，一邊享受這樣的樂趣、一邊在搜尋密技為何。要是玩家完全沒有察覺到陷阱，開發者也會大呼可惜。

因為都特地製作出「秘密模式」了，當然會希望有人能發現這樣的巧思。被發現後則是會開心地搔著頭說「還真的被揭穿了」。

**這個次元的悟道就等同於發現密技。**

創造意識只是在創造出完美幻想中的三次元世界，一個永遠不會被察覺這是幻想的設定其實相當無趣。所以說才會發現這個宇宙的機關，其實設有「體會悟道後會有收穫」的這個陷阱。

設下陷阱的開發者應該希望玩家與其一直沒發現這樣的設定，還不如早點察覺其中的巧思。因為都特地設下陷阱卻沒被人發現，心情上還是會顯得有些落寞。

二流的罪犯絕對不希望自己的罪行被發現，因為一旦被揭露、人生就會陷入絕望。然而一流罪犯的心裡卻不是這麼想的。

這種人的內心某處反倒會嘆息著說「難道真的沒有人能夠識破我這華麗的完全犯罪手法嗎？」，期待能有人發現自己的罪行。但即使遭到知名的偵探暴露真相，卻也不會因此慌了手腳。反而會帶著笑意表示：「哈哈哈，終於有人識破了！明智先生（也可以換成金田一先生）。」

如果說將悟道的這個現象當作是給所有人獎勵的現象，那麼的確可以說歷史上有許多悟道人物。不管是時代的恩惠也好，或是現代的覺醒者增加也好，但還不能稱得上是主流的趨勢。那麼為何釋迦牟尼和耶穌，以及其他人加總起來的人數卻還是不多呢？

各位想一想，能夠在電玩遊戲中發現密技的都是怎樣的人？會不會是一整天不間斷在打電玩，所有類型遊戲都會一一嘗試，有很多空閒時間，又對電玩充滿熱情的人？總之，就是只花一點時間是無法做到這樣的程度，所以對一般人而言有難度在。

以耶穌和釋迦牟尼來舉例應該就很容易瞭解。他們遠離塵世盡力去追尋真理，也就是身處於有利於目標達成的環境之下。換句話說，就是在說明不工作的人，比起趁工作之餘才能打電玩的人，能夠有更多時間來研究電玩遊戲。

這就表示沒辦法悟道的人，才是會很認真在三次元電玩遊戲中爭奪勝負的人。

我之所以會如此強調「覺醒」的這個概念，就是因為我在這股給人「什麼是好的」、「什麼事有利的」印象趨勢中是站在否定的立場。

之前有提到花時間發現「密技」的悟道比喻，但這番話的另一面其實是「即便努力去追求，也不一定能有所收穫」。

由於自我努力和實現願望二者並不是那麼絕對，因此我要對那些抱持著得過且過心態、而想要「悟道」的人說：「你還是放棄會比較好。」

與其將時間花在就算努力，但還是有可能白費力氣的目標上，最好還是選擇一條比較容易讓你獲得幸福的道路。「覺醒」這件事說難聽一點就像是「戰爭時的召集令」，是看上頭的長官（宇宙腳本）的意思來做決定，該來的時候就會來，不該來的時候就不會來。

因此在那個時機到來前，時間還是會不斷地流逝，也不保證在這段期間會不會因為任何原因而影響到覺醒的契機，所以還不如做些讓自己開心的事，依自己喜好來運用時間。而不是觀念錯誤地努力想要悟道，硬是逼自己進行痛苦的修行，因為這只是在浪費時間罷了。

此外，各位應該對覺醒者是否存在一事存疑吧？各位好不容易嘗到了幻想遊戲的樂趣，那為何又要揭露事實呢？為何要剝奪這個世界的幻想，到處破壞宇宙的結構呢？又是否只對特定者發送訊息？

我在此要說聲抱歉，要是剛開始在讀推理小說時，各位應該不想要有人在旁邊逕自說：「犯人是住宿地方的老闆娘」，做出如此一般讓人不開心的舉動。

那麼當你發現了遊戲中很棒的密技，你是否能夠守口如瓶呢？應該不會因為過於興奮，就跟朋友說：「看吧，我找到很棒的密技了！」

所以說要是看到覺醒的知名人物出書，或是致力於舉辦演講活動，那時候只要想說：「算了，反正他那麼想昭告天下」，所以只要放寬心默默祝福對方就好。（笑）

## 盡情享受以地球為名的戲劇中配角的樂趣

### ～何謂最棒的人生？

不曉得各位有沒有聽過這句話。

「沒有一個人的人生是不具意義的。」

本身沒有什麼安全感的人，應該會對這句話抱持懷疑態度。本來就不太喜歡自己，這樣的自己真的需要活在世界上嗎？你是否也曾有過這樣的想法呢？

我自己也是有過相同感受的其中一人，因為我曾經是被判定為有「發展障礙」的人。所以說多少能夠理解那種自己無法對社會做出貢獻的感受。

不過我還是在某個時機點上有了改變。

雖然說是改變，但也不是說我本身能夠變身為鹹蛋超人那樣的具體變化。當然也不是奇蹟似地發生了「發展障礙消失」，或者是「克服某個難關」之類幸運的事。

**我的發展障礙並沒有痊癒，只是症狀比較緩和了。眞正有改變的地方是對個人缺陷的「認識」。**

我認為我並不需要接受治療或是做出改變，因為這就是最完整的自己。由於之前自己總是會和其他人比較，這樣的思考方式讓我感到苦惱。不過就在我經歷覺醒體驗後，從瞭解到所有的一切都是合一狀態的那一天開始，才真正理解到「沒有所謂他人」的這個概念。

從那一天開始，我痛苦的每一天就此結束。當然也不是說完全沒有痛苦，只有剩下高興的情緒。正確來說，我只是比較能夠靜下心來看待這所有的一切。

現在只要表明我領有精神障礙手冊的這個事實，大家都會以為我在騙人。

「你還那麼樂意教導我這個能力不足的人！你那麼親切，看起來沒什麼問題啊？」

這樣的反應讓我不禁笑開懷，對吧，這簡直是個「奇蹟」。但是沒有發生的事情也不能說是「奇蹟」，因為就是要發生才是所謂的「奇蹟」。

**我的發展障礙其實並不存在。之所以看起來存在，那是因爲受到人的信念所影響。只要改變原本的意識，就能夠開啟就算有發展障礙也不會出問題的世界。**

**我本身就是個活生生的例子。**

接下來，我要以比喻方式來做說明。

現在你是個中學生，文化季活動快要到了，班上決定要表演戲劇。主要的角色王子是由某某人飾演，公主則是由某某人飾演。各個角色都一一被指派完畢，最後你被分配到「要求公主施捨的乞丐角色」。

……怎麼會這樣！居然要我演乞丐的角色，真的不太想演。

你或許會產生這樣的想法。不過就在這個時候，老師開口說話了。

「這個角色的裝扮確實是沒有人會想演的角色。但是也代表這個角色比起打扮華麗的角色還要難以詮釋，這正是證明演技的好機會。因此我以老師的立場希望你能夠扮演這個角色，我相信以你的能力一定可以表現得很好，為整個戲劇帶來很大的貢獻。」

這時候扮演公主的學生也說了鼓勵的話。

「我也認為你很適合演這個角色。不瞭解的人的確會比較羨慕我演的角色，但是真正的主角其實是你。如果沒有你的這個角色，那麼我所扮演的公主就沒有辦法帶給觀眾如此大的感動。所以我也要拜託你演出這個角色。」

在這個宇宙當中，你之所以會擁有現在這樣的人生，那是因為分離的「個體」的些微部分，決定了你在宇宙舞台上的遊戲中「能夠享受哪個部分的樂趣，以及負責哪個部分」。當然在戲劇真正開演的時候，自己所決定的事就會「喪失記憶」……。

這就跟一個班級當中需要分配扮演公主、商人、騎士、乞丐的角色是相同道理，當然這其中完全沒有好壞分別。

而事實也的確是如此，不管是公主也好乞丐也好，這都只是角色罷了。一旦演完戲，每個人都還是沒有拙劣之分的同班同學。

沒有安全感的人和以前的我經常都會覺得活在世上什麼都做不好，認為「這世界好像沒有我也沒關係」，因此才會「扮演那樣的角色」。套用先前的範例來說：「是被當作乞丐而受冷落的」。

**扮演那樣的角色絕對不是因爲你的靈魂比較拙劣。**

所以說我們活在這個世界上，並不是要花時間去思考為何自己會有這樣的遭遇，以及為何會產生這樣的想法，而是要將體力花在眼前無法否定的現實，將其當作是遊戲那樣樂在其中。

不要因為被當作乞丐冷落了而感到憤憤不平，還是只能以無法動彈的初期設定所賦予的能力，來思考接下來該如何來面對人生。

我就算是被證實患有發展障礙，而且也曾因此遭到裁員，但是我現在卻還能以精神世界傳訊者的身分來發表文章，並活躍於必須與其他人積極互動的活動當中。

「已經完全感覺不到發展障礙的存在」，這才是我現在的真正感受。

即便是在劇中為敵視關係的演員們，
在結束後還是會感情融洽地手牽著手

因為這件事對我的快樂人生而言，已經完全不會造成任何影響。

由於這個世界正陷入將發展障礙視為問題，認為應該要接受治療的次元當中。我們應該要察覺到這個問題本身，原來就只是人類所產生的幻想所發揮的力量罷了。

終於要進入下一個章節的實踐應用篇，我會將重點放在說明宇宙根源論，以及與生活息息相關的訊息內容上。

# 第3章　泰勒社團活動的書籤

## 泰勒社團的活動方針是「不要看輕自己」

先前已經提到過這個宇宙沒有所謂的絕對真理存在。但如果硬是要說有真理存在，那應該就是「終極的自由」或是「沒有真理才是真理」。不過各位應該會覺得狗屁不通吧！

而我之所以希望有更多人加入「泰勒社團」，那是因為現在有很多煩惱的人和活得很痛苦的人。我不需要狀態良好的人、自信破表的人、凡事積極獲得豐碩成果的人，這些人就算把我的話給聽進去，還是會感到不滿足。

狀態很好的人喜歡聽到的話是「你靠著自己的意志什麼事都能做到」，如果硬是要對方接受已經決定好的事，對方反倒會覺得你是個愛囉嗦的老人。

不過在我的精神世界活動當中，我是不太會去搭理這一種人。而對於那些不論多麼努力都無法得償所願的人，那我所說的話就一定會對他們有所幫助。很努力最後卻失敗的人，以精神世界領域所提倡的「意識代表一切，如何妥善運用任何事都有可能發生」的主流觀點來看，就會得到「明明是有價值的一件事，但你卻是選擇失敗模式的人」這樣的結論。

於是那個人便會開始找尋自己的錯誤。有成功的可能，但卻做不到的這一點，會讓人思考自己有哪裡出了差錯。思考自己到底是欠缺了什麼，還是哪個環節出了問題。

如此一來，最後有很高的機率會讓人陷入不必要的迷失狀態。

以「所有的一切都已註定」的觀點來說，那個人的失敗就會是「已註定的事」。因為是已經寫好的劇本內容，卻因為自由選擇而失誤，反倒會變成「完整呈現劇本情節演出」，還會因為演員身分而備受好評。至於泰勒社團的成立目標則是以「沒關係，你沒有甚麼問題」的方式來肯定那些懷疑是自己出了問題的人。

這一段話簡直就像是精神世界版的夜巡老師（*譯註5）會說的話。

而且還要接受自己的失敗，讓自己受傷的翅膀暫時休息。然後隨著時間過去，直到精神恢復時，就能再次張開自己的羽翼。

當然，生活在這個物理宇宙次元中，如果不展開行動，那就不會出現因人而異的現象與結果。不應該有在根本沒有努力的情況下，就接受失敗的認輸討拍心態。

我能認同的是「已經很積極努力，但還是宣告失敗」的態度，因為這才是所謂的完全燃燒，會讓人想為他們加油打氣。

**「就算手段卑劣也不能看輕自己。」**

這是我所堅持的原則。接下來會以泰勒社團活動的簡介方式，秉持這樣的原則來介紹「社團細部規則」。

＊譯註5：夜巡老師——水谷修，先後在多所學生擔任教師一職，並致力於青少年教育，為阻止學生做出違法行為或是濫用藥物，而會在夜晚去繁華街道上巡邏，因此獲得這樣的稱號。

## 精神世界是良藥，要心存感謝保持心情愉快

現在請試著想像自己是電視畫面中的瑪利歐。

那麼對你來說，會讓你感到高興而且是最有幫助的情報會是什麼？

「擊破哪個磚塊會有香菇出現？」、「從哪邊跳躍可以在奪旗時得到高分過關？」、「隱藏情景的闖關方式？」，你的腦中應該會浮現這類情報。這就表示在這個世界的價值還是在於「有用的情報」。

不過就在這時你不知從哪裡聽到以下這一段話，那你又會有怎樣的反應呢？

「瑪利歐其實你並不存在，你只是畫素的集合體罷了，你只能靠著光線的明暗模式來動作。就連你所在的世界中的道路和磚塊、敵人和桃子公主都同樣是畫素。其實這一切都只是名為電玩遊戲的幻想，你該不會以為你是靠著自我意志企圖去拯救桃子公主，靠著自我意志在跑、在跳

躍吧？

其實你所在的世界是另一個次元，那是因為我使用遙控器來讓你有所動作。所有的動作都是我在控制，你根本沒有靠著自我意志在動作。」

聽到這一番話的瑪利歐或許會整個人蹲在地上，相當苦惱地想說：「我到底是誰？我的存在難道真的只是幻想？」

不管是否為幻想，只要是存在於遊戲世界，對瑪利歐而言，最重要的就是能否過

瑪利歐感到苦惱，遊戲無法進行！

得幸福。至於具體的幸福條件，則是和獲得遊戲勝利的條件是一致的。而為了要達成這些條件，就只能不要想太多，全心朝著勝利條件的這個目標前進。

換作是我們的話，不論是空或是其他次元，與其不懂裝懂地生活，最好還是要腳踏實地活在眼前的現實中。

瑪利歐（你）應該要好好認識自己，要是出現阻礙你努力要在遊戲中過關（過著幸福的人生）的障礙，完全派不上用場的悟道系理論就只會讓人感到「困擾」罷了。

自己是否真的不存在或是這個世界是否為幻想，如果要透過「現在一切的痛苦都是不存在」的方式來讓自己比較好受，以醫療用語來說，就是得做出緊急處置。那就是只能先打麻醉藥，或是吃止痛藥來減緩疼痛感，以這樣的比喻方式來簡單說明這樣的狀況。

然而就算是我也不會說出不需要緊急處理，或是吃止痛藥這樣沒血沒淚的話。因為還是必須在接受正規治療前先做好緊急處理步驟。

但要是在緊急處理過後，卻沒有接受後續治療，靠著吃止痛藥來持續蒙混過關，那又會導致怎樣的後果呢？即便在藥效發揮時能暫時忘卻疼痛，但是當止痛功效停止的瞬間，又會有另一波疼痛向你襲來。

而且這樣持續以止痛藥逃避現實的做法，還會造成應該接受治療的患部不適狀況更加惡化的情形。等到你察覺這個事實，情況就已經是一發不可收拾了。

但是也不可能就這樣一輩子吃止痛藥過日子。要是不能夠確實鼓起勇氣來面對自己的病情，或許就會造成永遠無法挽回的錯誤。

而正規的治療又是什麼？管它是幻想還是什麼也好，現在的自己活在這個世界、環境裡，擁有複雜的人際關係，不管你認為這是一場夢，或者是要揉眼睛確認，還是要變更解釋，不變的是眼前的現實不會就此消失。結果你還是只能選擇活下去。

如果只是遵循這個世界的法律與常識（遊戲規則），那只能抓住有限範圍內的幸福。所以還是要能夠認同，說好聽一點是承擔（接受）才是所謂的「治療」。

換句話說，就是要有在這個世界裡的生命總是有盡頭的覺悟。簡單來說就算你很想聽不切實際的精神世界宇宙論，但是到最後就只能以自己的限定觀點來生存下去，也就是要「改變態度」。

所以如果因為對空、高次元、吸引力法則等理論過度關注，而導致現實生活出現不便，使得精神世界與現實生活的折衷點因而瓦解，就會讓自己開始懷疑是否有這樣做的價值存在。

我經常會看到在從事精神世界相關工作的人，卻做出讓人「不敢恭維」的舉動。為了避免有這樣的事發生，應該要和精神世界保持距離感，將重點放在互動方式的態度上。

以我的個人意見來說，最好的比喻會是打拳擊的情況。

在拳擊的1回合三分鐘對戰後，會有一分鐘的角落休息時間。接著鑼聲響起就開始下一個回合。請試著將1回合三分鐘時間想像為花在經營人際關係的時間。

因此那一分鐘的休息時間，就可以用來探索並實踐精神世界的知識，像是閱讀精神世界方面的書籍，或是去參加精神世界傳訊者的演講活動也都是不錯的選擇。藉由這種方式來補充能量，激發出「接下來要好好努力！」的動力，然後再帶著滿滿的活力，回歸到原先的社會生活模式當中。

也就是要一整天讓腦袋處於「保持與精神世界平衡」的那股氣勢。

我認為完全不需要精神世界

怎麼讓明天會更好的方式之1
切記一定要跟精神世界保持適當距離！

是過度偏頗的看法，我自己是把精神世界層面當作是具備有「良藥」的效果。

生病的人需要藥物治療，只要吃下最能抑制病情的藥物，就能夠期待疾病完全治癒的那一天。

但是健康的人就不需要吃藥。健康的人吃藥是不具有任何意義的行為，即便一時半刻不會造成困擾，但久而久之或許會導致身體狀況出現問題，因為會有藥物中毒的可能。

對於那些現在活得很痛苦的人而言，精神世界是真的能夠給予他們幫助。這就跟病人吃藥的道理相同，需要配合需求來服用不同的藥物。不過原本不需要吃藥的人，也有可能因為發生了什麼事而變得需要服藥。

這就是所謂的「喜好判斷基準」，因為聽到來自空或是神的話語而有所收穫，產生了感覺比其他人更能掌握到事物本質的那份優越感。但是以這樣的動機來玩弄精神世界的概念，真的不會造成任何傷害嗎？其實這樣只會淪為一場「理論認同遊戲」，為了要解開整合性謎題，就得努力去找尋自己想要的答案。

而精神世界中最重要的就是體驗與情感上的認同。

言語反倒是次要的重點。因為必須透過言語來進行溝通，所以會比較先考慮到如何以言語和理論去獲得對方的認可。有些人就是以這個標準來決定喜好順序。

所謂的精神世界並不是在取得整合性後，理論上毫無空隙的完美理論。不對，還是在強調理論中帶有完全性的「真理」呢？

有些人會將腦中有十足把握的道理當作是口中的「絕對真理」，然而腦中的理論和他說出的話卻沒有直接關係存在。

問題在於不能如此簡單就將某個理論奉為圭臬。要是每個人都將所有聽過的話都當作是絕對真理，那麼宇宙輪迴遊戲應該很快就會結束。

因為精神世界是良藥，所以那些覺得自己需要吃藥的人，才要自己去找尋這個藥。所以說我也不必在這裡廣泛宣傳，但要是因為宣傳而廣為人知，那就會引領那些原本不需要吃藥的人，可能會導致「繞遠路且意想不到的人生」。

因此就算達不到宣傳效果，如果是有一群人能因為接觸到這個領域的概念，而保持心情愉快，那也算是功德一件。那些有興趣的人也會一一找上門來，這樣就已經算是充分的口耳相傳擴散效果了。要是靠著宣傳與各種現實中的能力來刻意增加曝光量，總有一天會導致反撲的力量。

只要對自己所實踐的精神世界產生感謝和愉悅情緒，就算沒有刻意去宣傳，也能達到讓更多人瞭解這其中內涵的效果。

## 讓「原始面貌的自己」有所提升

各位應該對《冰雪奇緣》這部迪士尼動畫在全球大賣的新聞還有記憶。其中最令人印象深刻的就是日文主題曲歌詞中的「原始面貌」一詞。歌詞中有出現展現最原始面貌的自己，或是成為最真實的自己。

然而精神世界也受到影響，因此胡亂打出「以原始面貌示人就好」做為宣傳理念的口號。然而這句「以原始面貌示人就好」，卻存在有可能被誤解為「你原本就是發展完全的人，所以什麼都不必做」的風險性。因為必須要說真話，所以我要說「不能展現原始面貌的自己」。

各位讀者為什麼每天都在想著要如何讓自己變得更好呢？學習那個才藝，或是記得這個方式，想辦法讓自己變成那個樣子。這樣的舉動就是對現在這個階段的自己在提升附加價值不是嗎？

這就表示對原始的自己並不滿意。

由於空（一元性的根源）是推崇原始的樣貌，要是處在「滿足」的狀態，那麼宇宙合而為一的存在則是應該會永遠只是「持續存在」的狀態罷了……。然而在這個二元性的遊戲世界，能夠獲得多數人認同的卻是「無法接受原始的自己」這樣的概念不是嗎？

因此不要只是單純只去探討「以原始面貌示人就好」這樣字面上的意義，而是必須用更深入的洞察力去討論這句話背後的真義。

而以原始面貌示人就好這樣的「存在論」，其實有一定的意義存在。因為小嬰兒時期的確是需要受到他人細心照料的那個階段。到了比較大的小孩階段，雖然能夠靠著自己的能力上學讀書，但在飲食方面還是得受到父母的照顧。至於長大成人後則是必須自食其力。

進入到人生的各個階段，就會被要求持續追加各式各樣的技能，經常都要提升自己的能力。以時間（經驗）能使人成長的觀點來說，就會得到「以原始面貌示人並不好」的這個結論。

但由於你的生命本身的價值是不會因為任何事而出現變化。因此所謂的以原始面貌示人就好，其實是──

**對你而言，「存在」的這個概念與你做了什麼事，或是沒做什麼事沒有任何關係，而是具備有絕對的價值。**

**但由於身爲這個遊戲世界中的一員，爲了要更接近遊戲的勝利條件，就必須做出某些行動，所以才會發展出鼓勵「不滿足於原始面貌的自己現況，追求完美的蛻變」的風氣。**

這部分更詳細的介紹會在之後的內容做說明，在這裡要知道的是～所有的事物都有二面性存在。當你真實地說出某些話的同時，也會有截然不同的概念成立，這樣的理解方式在精神世界的實踐上來說是不可或缺的能力。

這邊要提醒各位的是「以原始面貌示人就好」的另一面觀點是「以原始面貌示人並不好」，而關鍵則在於如何從雙方取得平衡。

我在歷經覺醒體驗之前，一直都認為「自己有需要加強和欠缺的部分，唯有將這樣的空缺給填補起來，我才能成為獨當一面的人」。

因此我為了要填補空缺，而去學習了語言學，並取得資格證明，為了提升人格（精神層面）而閱讀了許多的書籍，並多次親身實踐。為了要讓自己變得更好，我做了不少的努力。因為我堅信努力到最後一定會出現「理想且真實的自己」。

然而結果卻不如我所預期。成為泰勒的我真正所感受到的是「人生有了三百六十度的轉變」。

在 Guts 石松所拍攝的朝日新聞廣告當中，他拿著平板電腦對著正在看報紙的自己評斷說：「終於到了就連我這個機械白癡，都得要拿著平板來看報紙的這一天了……，我的人生真的是有了三百六十度的轉變！」

但其實三百六十度的轉變最後還不是一樣回到原點！這個廣告原本是想以這樣的吐槽方式做為賣點，但是這句台詞卻也成功地在某個程度上展現了最真實的一面。

就以我自己的人生來舉例，因為我一直想獲得「自我認同」，所以不斷地在追逐理想自我的這隻青鳥，我做了相當多的努力，就等同於讓我的人生有了三百六十度的大改變。然而最後的結局卻是在轉圈後又回到了一開始出發的原地位置，我在那個時候才第一次理解到這個道理。

那就是只要「保有原本的自己就好」。這也就表示並不是做了任何努力，不為自己增加附加價值就不能變得完美，而是瞭解到在現在的這個瞬間自己其實已經是「真實且完全的自己」。

換句話說，就是在說明存在論當中「存在本身就是完全的價值」的這個理念。

不過以另一個觀點來看，在這個二元性世界當中，「完全＝絕對，不需要做其他努力」的論點卻不成立。不是有句俗話說：「入鄉隨俗」嗎？但可不是要我們去追隨鄉廣美（＊譯註）……

佛教形容這個世界是「諸行無常」，代表這是個無法從變化中逃離的世界。因此這個無法跳脫變化宿命的世界，就會衍生出「完全＝因為變化而獲得的完全」這樣不可思議的屬性。

而保持原始的面貌也是所謂的完全。

只不過好不容易來到這個會隨著時間流逝而變化的世界，建議各位不需要有「還是必須做些努力」的想法，而是要抱持「不做任何努力你就已經獲得完全的價值了，那麼不如隨著自己的心意試著去提升自我，看看自己會有何成長」的積極態度。

＊譯註：日本1970～1980年代的著名偶像級男歌手。

## 「○→◎」的人生觀會帶來有趣的回報

其實有不少人都會將「否定態度」當作是自己努力的動力。覺得自己的魅力不足，遠低於平均值，因此必須努力將缺點填平。所以決定去美容中心保養，還有去健身房運動。感覺自己沒有任何可以攻擊的武器在身，於是去英語會話補習班上課，努力要取得英語認證資格。這些行為的目的就是在於提高自身的價值。

建築物就是因為有穩健的基礎，所以地面上的部位才能耐得住風雨和颱風的攻擊。但要是那個基礎並不堅固，那又會怎樣？在脆弱的基礎上，所搭建的建築物部分即便能夠應付一般的風雨，可是一旦遭受到颱風和洪水的強大力量侵襲，建築物的弱點就會馬上顯現出來，很有可能會因此倒塌或是被沖走。

因為覺得自己的能力不足，所以過著反覆努力想要將缺失的部分給填補起來人生的人——

×→○

可以用這樣的圖示來表示。不過以極端的觀點來說，你的存在本身就是一件完美的事。

這是宇宙那樣偉大的睿智選擇讓你存在於這個世界上，因為不必要的東西以及沒有價值的東西都無法存在於這個世界上。

以這樣的觀點來說，你絕對不是什麼有缺陷的存在。有問題的是讓你產生必須與其他人做比較，才知道自己所在位置的這個社會。這才是讓你應該沒有缺陷的你產生自己有「不足之處」錯覺的原因。

因此接下來我想要告訴各位所謂的「意識存在方式」。

○→◎

當你的自我否定感與自卑感已經侵蝕了你的意識根源時，這時候你的基礎就是×，那即便在基礎上累積了許多你想要讓自己成長的努力

（○），一旦因為發生意外（風雨、颱風），你整個人就很有可能會立即崩毀。

另一方面，當你的基礎為○時（自我肯定、包容自我），在堅固的基礎上所持續搭建的建築物就會更加穩固。因為你所累積的努力就會化為雙眼可見的形式在不斷往上堆疊。

從這樣的比喻當中應該不難看出基礎是×時，二者之間的極大差異，如果你能夠體會到這其中的道理，那就一定能養成這樣的好習慣。而且這樣的努力還會化為有趣的形式來做為努力的報酬。即便不能預測具體的成果為何，但是至少這麼做會讓你的內心感到心安理得與踏實。

換個方式來比喻，那麼×→○的人生就會是——

**「你根本沒有借錢，但卻誤以爲自己有借錢而持續在還錢。」**

就是類似這樣的情境。因為宇宙不會一直提醒我們說：「你其實沒有借錢喔，所以不用還錢也沒關係。」

不過對方應該還是會一邊唸說：「既然想付錢就隨便你」，然後就把錢收到懷中。你自己就是宇宙之王，同時也是人生的主人公，所以不會有人跳出來對主人公「想要做什麼事」持反對意見。但還是要再次提醒，所謂的借錢是指「對自己的存在感到不確定，如果不努力就無法獨當一面」的這個前提。

而你則是在道義上會相信這個謊言，所以才會持續去償還這個根本不存在的借款。

但要是你知道存在本身就代表完全，因此自己根本不需要負起償還借款的義務，那又會發生什麼事？

因為你知道根本就沒有借款的存在，所以自己賺的錢都可以用在自己身上。對自己來說就是能夠將注意力放在現實生活中的事物身上。

我希望各位能夠好好思考以下的這一番話。假設你有在兼職打工，要是你得將所有賺到的錢都做為借款還給債主，那你是否還有那個幹勁想要努力工作呢？正常來說，應該會失去工作動力，整個人變得垂頭喪氣，因為這樣的義務和徒勞無功的感受會一直糾纏著你。

但要是能夠將賺來的錢全都花在自己身上，同樣都是在工作，但是心中的感受絕對不同。後者明顯會比較能夠享受工作時的樂趣。

基於這樣的理由，那麼這個遊戲世界的其中一個必勝訣竅就會是——

**「如何不要對自己產生厭惡的情緒？」**

那就是絕對要在心中的角落預留一個空間。

## 將貧窮視爲一個珍貴經驗

在精神世界中會將「豐富」做為研究課程的主題，而且相當受到大眾歡迎，想要報名參加的人不在少數。

有的人是因為「想要讓想法更加豐富」，而想要來參加，不過像這種冠冕堂皇的理由其實都是在隱藏些什麼，結果所有人想要的都是最容易理解的豐富感……，那就是「經濟上的豐富」，簡單來說就是「金錢」。

我認為會說出想要變得豐富的人，都會有這樣的前提出現。

「我已經受夠了貧窮，我要想辦法讓生活變得更豐富。」

因為討厭貧窮的現況，所以想從這個狀態掙脫，而追求物質上的豐富。這也就表示「貧窮」與「豐富」是相對立的概念。

對各位來說應該二者互為相反詞，而我則是認為這樣的意識前提，就已經算是掉入了陷阱當中。

**貧窮並非豐富的相反詞。**
**所謂的貧窮只是豐富其中一個屬性。**
**算是豐富當中的一種型態。**

在完全合而為一的世界裡，如果有「各式各樣能夠分類的事物」存在，那會是一件相當有趣的事。

就連貧窮都會變得很有趣。因為在這個豐饒的宇宙中，光是有「不是十分足夠」、「不足」、「缺乏」、「貧乏」這些概念的存在，本身就相當了不起了。這個世界要是有「觀察意識」存在，那麼這個傢伙應該會拍手叫好說：「好棒！這樣的體驗絕對沒辦法在其他地方體會到！」

如果能夠將貧窮當作是這個宇宙的其中一種型態，這樣的行為本身就會是「豐富」的表現。因為所謂的豐富就是代表「很多可能性、很多的型態」。

如此一來，比起「這個世界（對人類來說比較容易理解）就只有豐富」的說法，「還能再加上貧窮的這個可能性」的說法還比較能夠感受到世界的豐富感。

經常聽到人家說在精神世界中，最重視的就是「觀點」與「解釋」。如果是這樣的話，以意識為基礎的解釋，就會變成是「貧窮是與豐富相反的不好現象」。

所以說「想要從這樣討人厭的貧窮現況中脫逃，就要變得豐富！」的想法，其實是將貧窮當作是要對決的敵人看待。而且這樣的觀點也已經陷入了「否定現狀」的陷阱當中。

在前一個章節有建議各位丟棄「×→○」的人生觀，選擇「○→◎」的人生觀來生活。因為對貧窮產生不滿，而將豐富視為目標，這簡直就是——

**×（討厭貧窮的現狀）→○（所以將相反的豐富當作是目標）**

就會得到這樣的圖示。

不過如果按照我先前所提到的「貧窮是豐富的其中一種型態，也是其中一種表現方式」來理解這二者之間的關係，那又會得到怎樣的結論？雖然說幾乎沒有人會喜歡貧窮——

**○（貧窮也是存在這個世界的其中一種方式，也算是一種珍貴的經驗）↓◎（但是我認爲我已經深刻體會到貧窮的滋味了，可以讓我轉移陣地到豐富的地盤嗎？）**

重點在於不要對貧窮產生不好的印象的這個前提。不應該因為覺得不好，而去追求相反的好，那是因為太輕忽「享受變換型態樂趣」的這個道理，才會搞錯重點所在。

烏龍麵還是蕎麥麵？拉麵還是義大利麵？光是麵類食物就可以分為好多個種類。難道這些麵有分善與惡？其實都只是看個人喜好來選擇的問題。同理可證，貧窮與豐富的概念，當然就等同於烏龍麵還是蕎麥麵之間的差別。

因為總是點烏龍麵，所以這次要吃拉麵。不應該以這樣的方式來點出貧窮的「對立概念」，而是要以豐富的夥伴「是否有興趣的問題」來思考，那又會有怎樣的結果出現呢？應該會是雙肩放鬆，原本激烈反抗認為「死都不要是貧窮狀態！」的那份執著也會因此跟著消失。

因為你所厭惡的貧窮其實只是豐富的一部分，所以希望各位能夠注意這樣到最後只會得到很諷刺的結果，那就是「變得討厭豐富」。

## 「現在」要保持正面積極態度，以二面方式來思考

明知道自己運動神經不好的人，就不會想要努力成為運動選手。學生時代不喜歡讀書，而且成績不好的人，應該也不會想要成為大學教授。

相同的道理，要是你想要瞭解精神世界的內涵，讓它成為生活中的一部分，我希望你能夠先做到「某個條件」，如果能做到，再對它產生興

趣也不遲。這個條件就是——

**所有的事物都有它的二面性存在，你要提醒自己經常這樣思考。聽聞某些話語並將其當作是眞理，要記住這個道理反推回去也是會成立的。**

前面的章節也曾提到過，「以原始面貌示人就好」的這句話，因此反推回去就是「以原始面貌示人並不好」。如果只是單純在同一個範圍裡去思考這個道理，那麼字面上的這二個意思就會互相矛盾，因為「好」與「不好」剛好就是完全相反的意思。

不過這時候的重點應該放在如果試著去「改變視角」，你就會發現到很不可思議的現象，那就是反推回去的方式在道理上也會成立。

我們經常會聽到「要對人生充滿愉悅與期待感地活著」的勸戒話語。

而這也是只以單一面向為出發點的理解方式。
要是認為自己現在「活得不開心，對人生不抱任何期待」，如果按照字面上來解釋，那就表示你根本不算是活著。
因此相較於勸戒話語所描述的理想狀態，你所會得到的結論就會是「我身處在不好的狀態」。所以你才會努力想讓自己活得開心且充滿期待。
然而這樣「努力讓自己活得開心且充滿期待」，其實是一件很愚蠢的事。
按照先前所提到的方式，就會得到「現在的你不開心，對人生也沒有任何期待（×）↓所以我要努力讓自己活得開心且充滿期待（○）」的詮釋。不過更好的方式則是○↓◎。那就是——

**現在即便過得不開心，對人生也沒有任何期待，你仍是在努力活著的這個事實不會改變，所以不應該爲此感到羞恥（○）。**
**放寬心接受現在的處境，要是有讓你感到開心與期待的事物出現**

## 那就更棒了（◎）。

只要你還活著，那麼每一個瞬間對你而言，應該都會是「最好的選擇」。

因為有各式各樣的結果存在，所以每個人都會選擇最佳的選項，完全不會有例外。人類的存在經常只會去選擇對自己有利的狀態。舉例來說像傷害自己的行為，這樣的行為乍看之下是選擇去傷害自己的「不有利行為」。

但事實卻是獲得了「藉由傷害自己的行為，去取得所有人的注意與關心」的這個利益。

因此不論你現在眼前所看到的結果或成果為何，這都是你盡全力活著的結果，所以你大可以抬頭挺胸去面對這一切。

另外還要提醒的是，如果是一個懶惰整天無所事事的人，以我的觀點看來，這個人就是在「盡全力怠惰」、「拚了命在無所事事」。

所以說以這樣的角度去看待事情，那麼你的現在就會是不錯的狀態。

只要你努力去累積任何成果，那麼你就能邁向雙圓圈的生活。重點在於不管是多麼離奇的手段，只要是你可以認同，而且會讓你保持愉快的一切事物，都能夠為你帶來加分的效果。

而結論就是「要過著讓你感到愉快且充滿期待的生活」，這就是所謂的正確答案，而且也不會因為反推回去而產生誤解，因為就算反推回去，這也是你最真實的現況。

因為這就是人類。而這個世界則是會隨著陰陽變化出現循環改變的世界。

但若是一直保持愉快心情，那就是不正常的狀態，因為時時刻刻都充滿期待是很不自然的行為。只要是努力想要活下去的人，就算是被解讀成「只有努力才能活下去」……，但還是得要記住的是，不管是在何時，這都會是屬於「不錯」的狀態。

在面對一切事物時，只要經常反向思考，具備哪個方向的解讀方式都可以接受的柔軟視角，那你就會成為這個遊戲世界的達人。

## 找出真正想要的東西，讓人生的「電流急急棒」關卡容易闖關成功

很久以前曾經出現過一個名為「電流急急棒」的闖關遊戲。在電玩遊戲中心有這個遊戲機台讓大家玩樂，或是看到綜藝節目上有藝人在挑戰這個遊戲，會讓人感到有趣而大笑出聲。

為什麼電流急急棒會讓人「提心吊膽」呢？因為這本來就是要讓人感到恐懼的裝置，所以當然會感覺不安。這道理其實相當簡單。

**因爲無法按照自己所想的進行。**

硬要說明就是這個意思，不過更深入一點去探究，就會發現情況比想像中還要複雜。

舉例來說，船隻的墓園就是指很容易讓船隻迷失方向的海域。

假設船隻的行進方向有大片的岩石A擋在前方。

於是便決定將船頭朝右用力疾駛過去。

好不容易避開那片岩石，正要稍微鬆一口氣時，

這次卻出現了岩石B。

心想運氣還真差！然後努力想要避開這塊岩石。

然而就在繞過岩石後，卻又突然發現岩石C距離船隻只有短短的距離，

「這次沒辦法避開了！」

於是船隻就這樣撞上岩石。

這樣的比喻就是在形容電流急急棒會遇到的難關。小心不要觸碰到邊緣設計，繃緊神經一心一意要讓棒子持續往前進。這樣的遊戲關卡是相當不懷好意又複雜的設計。

手的位置要是太往上就會碰觸到邊緣，太往下也會碰觸到邊緣，太快

往右轉也會碰觸到邊緣，所以只能慢慢地進行。但要是速度太過緩慢，或許手就會開始出現抖動情形，因而碰觸到邊緣——

**啊！眞讓人提心吊膽！**
**不要再開玩笑了～～～～！！**
**（出自中森明菜的《十誡》）**

而人的一生就好像是在玩「電流急急棒」那樣，因為在生活中會無意識地衍生出各式各樣的「條件」。

## 我想要這樣

十次失敗也沒關係？（十誡？）
（譯註：十次的日文發音與十誡相似。）

**我不要那樣**
**這樣更討人厭**
**我絕對不要那樣**
**我怎麼可能會那樣！**

不覺得開出的條件很多嗎？

選擇這個會遇到那個阻礙，靠近那邊又會碰撞到對面。以這樣的方式通過條件到最後過關，真的是難上加難。

理論上不存在百分之百的東西，雖然不能說不可能，但是在現實生活中確實很難做到。

宇宙的訊息不是為了千萬人當中的一人而存在，實際上是為了剩下的九百九十九萬九千九百九十九人而存在。「不，正確來說和機率沒有關係！只要有那個意志和思考能力，就沒有所謂的不可能」，會說出這種話的人，基本上就不適合看這本書。

那麼該如何去降低人生的「電流急急棒」的難度呢？

那就是要將關卡的端點與端點的幅度加大，並緩和轉彎處的角度。這就等同於將人生中的「不這麼做不行的條件減少」，不過這裡有必須注意的部分。

各位應該不會笨到認為不是要減少條件，而是要讓條件「消失」吧？因為這樣的想法太過極端。

這就跟在這個世界裡，還是需要有細菌存在是一樣的道理。以某種程度上來說，就是因為有這些條件存在，人生才會如此有趣，生活才會充實。如果完全沒有條件，那就等於是不會出現敵人，也沒有會掉落的洞穴的超級瑪利歐兄弟遊戲。這樣的遊戲就毫無樂趣可言。

所以我們需要的必要作業其實就是——

**「經過條件篩選後，真的是必要且想得到的東西。」**

簡單來說就是該刪去的部分就該刪去。因為過度貪心則是會增加電流急急棒的難度。不過要是胡亂增加條件，雖然說能夠有助於提升成功時的報酬，但同時也會提高失敗的風險。

我自己當然也有生命中想要守護的條件，這就跟電流急急棒碰觸到邊緣時，會感覺到末梢神經痛覺的道理相同。那就是我不願看到妻子與小孩（對我而言）突然死亡或是遭遇不幸，或者是我想要發表文章，卻遲遲無法發送成功的狀況，除了這些以外都是我可以刪去的條件。

如果要更得寸進尺一些，我會想要住在比現在還要大的房子裡（現在一家4口住在2房一廳的公寓），也想要有一輛汽車，有很多慾望想要達成。但若是真的要讓這些條件實現，那就會提高電流急急棒的難度。

為了不要讓各位產生誤解，我要澄清我絕對沒有認為「沒有擁有那些東西也沒關係」，因為我可是相當歡迎這些事物進入到我的生活當中。

只不過我是提出了經過篩選後的重點，目的是要讓各位集中精神。現在我的喜悅來自於生活上沒有出現問題，還能持續發表文章，以及家人感情融洽，健康地一起生活。只要擁有這二種喜悅，那麼其他的好事都是附加的，能得到就收下，得不到也不會對此執著。

因為從一開始就放棄比賽是最愚蠢的做法，所以說我做為一位人生遊戲的玩家，非常在乎這二項經過深思熟慮後的必要條件。接下來就得一步步邁向勝利。

不過這也只適用於我們所身處的遊戲次元當中，因為更上面的次元則是「會發生的事就註定會發生」。因此我們站在人生舞台上，即便是在追尋幸福與夢想，但還是會冷靜做出命令式或指標性的舉動（按照腳本演出）。

而這二者居然能夠同時共存，這簡直就是《冷靜與熱情之間》（*譯註7）。

就算最糟的結果是這二個不能退讓的條件都被破壞了，那就到時再看怎麼解決好了，我就是帶著這樣的覺悟而活在這個世上。

譯註7：《冷靜與熱情之間》，2001年上映的日本電影，由竹野內豐，陳慧琳主演的愛情故事。

## 喜歡上「活著」的這一件事

有時候會聽到有人問我這樣的問題，有沒有能夠讓人生過得快樂的方法？

就直接說結論好了，那就是「這樣的方法根本不存在」。

就如同釋迦牟尼的「一切皆苦」的說法，因為活著本身就是一件會讓人感到「痛苦」的事。這裡所提到的痛苦當然有別於疼痛之類的痛苦，而是那種「結果不如預期」，有著微妙差異的痛苦。但是不管是哪一種痛苦，可以確定都不會「讓人好受」。

這就是這個世界存在意義的大前提，沒辦法有所改變。

原本就存在有「吃苦」一詞，但若是在「什麼事都沒做的情況下」，那麼這樣的解釋方式在某個時期就無法適用。人總是會努力想從令人感到痛苦的處境中逃脫，因此必須付出更多的心力，而這件事本身就會讓人離快樂越來越遠。

極端的說法是「因為想要活得快樂，而特別去規劃目標，結果反倒讓自己變得更辛苦」。

而我們所不清楚的一元性，捨棄了完全性而創造了這個世界，以人類不有趣的解釋方式就是「所有的一切都得要吃苦」的狀態。

因為那個世界很想要嘗試看看「活著的痛苦（雖然只是幻想）」。從剛剛開始就不時提到「吃苦」二字，我想各位應該都對這個詞彙沒有什麼好印象。而順著文脈所使用到的「吃苦」二字，其實可以解釋為「持續注入能量也不覺得可惜的行動」。

因為不論人類在做什麼事時（睡覺或是工作），活著本來就是會讓一切感覺到很「痛苦」的一件事，這是最貼切的形容方式。

其中以人魚公主為主題的童話應該可以做為參考。

住在大海裡，原本就沒有雙腳的人魚公主，許願要生活在人類的世界裡。而女巫雖然願意幫忙實現願望，但卻也做出了警告。

「妳只要走路就會產生被刀刺穿的疼痛感。」

即便如此，人魚公主還是願意強忍著疼痛，去追逐變成人類與王子一起幸福生活的夢想。

所謂的完全存在，就是指去感受這個充滿奇怪風險的世界這件事。而之所以願意做出這樣舉動的原動力，則是來自於我們都很熟悉的「熱情」二字。

結論就是「根本不存在能讓人活得快樂的方法」，但仍然有一個值得這麼做的理由。只不過這不是縝密的「快樂生活方法」，那就是──

## 讓你感到快樂的錯覺方法

一流的運動選手與格鬥家，或是擅長某種樂器的專家、演員等職業的人，為了成為頂尖的人物，而費盡心力在努力練習，為的就是要讓自己的技藝更上一層樓。

以旁人的眼光來看，會對這些人產生「做得好！」的感動，認為鍛鍊成果相當成功，進而認同對方能夠成為傑出人物所做的努力。

那麼從當事人的角度來看這整件事，又會是如何呢？

其實並沒有旁人所想的那麼辛苦，反倒是很樂在其中。

雖然很難想像，但由於是在做自己內心想要做的事，所以就不會感覺有那麼辛苦。而且也不會感到疲倦，還會湧現想要一直這麼做的動力。

但要是改成自己不喜歡的事，那就會產生厭惡感。像是學校的功課或是討厭的課程，都會感覺十分鐘好像一個小時那樣的漫長，會讓人感到身心疲憊。

所以就得要妥善來運用這樣的感覺。

即使是實際上做起來並不輕鬆的事，但只要你喜歡自己做這件事，就自然而然會產生自己很快樂的錯覺。

雖然現在我提到了錯覺，但是這樣的錯覺並不會讓你變成笨蛋。這樣的錯覺反倒會為你帶來奇蹟般的工作，因為當你喜歡某件事物，在與那個對象往來接觸的過程當中，你就能享受真正的樂趣所在。其中能達到最好的效果則是——

**喜歡上「活著」的這一件事。**

換句話說就是去愛你的人生，這是很難用言語傳達的概念。很抱歉這個部分我無法親身去教導各位，因為無法透過這種方式來傳達這當中的意涵。而是要由你自己來掌握這樣的感覺。

因此我決定要好好享受這個人生遊戲，過程中當然稱不上是「輕鬆愉快」，但至少沒有再聽到有人說討厭現在痛苦的狀況了。

大家反倒是開始喜歡上自己的人生。因為痛苦已經不是痛苦，因為做自己想做的事所產生的痛苦，反倒成了過程中的一種樂趣。

其實並沒有「人生真的變輕鬆」的道路存在，而是透過改變看事物的角度，以及情緒上的調適，才會出現「人生很有趣且輕鬆」的錯覺（解釋）。

## 容貌的美醜是這個世界上不必要的判斷標準

在這個世界裡任何有關人類的「美醜判斷標準」，都只是幻想罷了。但即便如此，我們仍然是活在擁有陰陽二極的世界當中。所以會有將某個狀態透過判斷標準而做出「價值判斷」的立場存在。

因此沾染上泥土的衣物，很明顯就是會給人髒汙的印象，而洗好的白色襯衫就會讓人感覺到乾淨。而這種程度的價值判斷還算是合理。

但是超出了乾淨、髒汙、整齊等範圍，完全沒關係的美女、醜女、帥哥、醜男等這類的形容詞，則是在時代演進後，因為人類的自私所擅自創造出的判斷標準。

就算是宇宙之王也沒有資格對你這個無可取代的靈魂施放毒藥的權利。雖然沒有這樣的權利，但由於我們身處在宇宙遊戲當中，經歷了無數個可笑的關卡，因此人類的DNA中已經深植了「美醜判斷標準」的根深柢固觀念。

舉例來說，擁有現代日本偶像以及人氣模特兒等級容貌的女性，要是搭乘時光機回到日本的平安時代，融入到某些地區的原住民社會中，那麼「美女」的這個評價就會消失。當然這也是因為那個時候的「美女」標準完全不同。

因為那個時候認為豐腴才是美女，更特別的是某些地區還會以脖子長度做為標準，來判別這個人是不是美女。

這不是單純只是在安慰各位才這麼說。我真正想說的是因為時代、場所與文化的頻繁變動，擅自毫無根據地定下標準，將原本為神意識下產物的你理所當然擁有的「幸福活著的權利」給剝奪掉的行為，絕對是無用且愚蠢的舉動。

「歡迎您的這張臉來到這個世界上！」

這句話是出自一位漫談家的口中，而這樣的台詞在貴婦以及中高年主婦族群很受到歡迎，以TPO（時間、地點、場合）為標準來評斷這種程度的「諷刺性玩笑」，應該是無傷大雅。然而充斥於世間的各種有關容貌美醜的相關話題，大多數都是採用極為殘酷的評論方式。

這裡要記住的是「原本的你已經很棒了」的這件事。因為宇宙中的一切都只是那樣而已，沒有誰對誰錯的分別。明明沒有錯卻硬要製造出一個判斷標準，看來人類真的是很喜歡沒事自找麻煩。

我有時候想對大家說：「你們不累嗎？鬧夠了沒有？」。然而不能否定的是，實際上「我們正活在擁有根深柢固的美醜標準的社會當中」。因此我不認為大部分人都能以坦率的態度表示：「這個道理我懂！我們本來就不應該因為美醜的標準而受到任何影響！」

對於那些總是會認為自己並不完美，一直想著要如何變漂亮的人，我想跟他們說就算整型也沒關係（如果要將想整型但沒錢的諮詢經驗也寫入書中，我怕篇幅會不夠，所以這個部分就割愛了）。

「怎麼可以傷害父母給我的身體！」

「這是神所創造的外貌，原始的面貌就已經很美了，不必去操弄人類的想法。」

這樣食古不化的思想（經常會出現在宗教與倫理道德的言論當中），以現代的角度來看，這只會給人產生虛張聲勢的感覺。

**宇宙的終極眞理是所謂的「自由」。**

**簡單來說就是「不干任何人的事」。**

**你眞正應該要尋求的答案不是正確與否，而是問自己這是否是你「眞正想要做的事」。**

因此若想要變美而必須做的事，那就放膽去做吧，不必在意他人的眼光。但要是你的內心有一絲感覺違背倫理道德的想法，這就會是你沒有那麼想要這麼做的證據。

不過我還是想要給那些想透過整型來變美的人說一些話。

**×（自己的外貌並不出色）↓○（填補自己的缺點，努力讓自己變美）**

我不希望你們有這樣的想法。

**○（外界擅自決定的美醜並不會對我的幸福造成任何影響，我只要保持原貌就不會有任何問題存在）↓◎（雖然說這樣的自己已經是完全狀態，但由於我是生活在還是有能夠努力提升空間的世界，要不要試試看讓自己變得更加美好？）**

要是以現在的自己很差勁做為前提（自我否定），那麼不管多麼努力，都只是在浪費時間。

但如果是對自己的存在感到相當完全（美好），抱持著自我肯定的態度，在這樣的基礎上去累積「努力變美」的經驗，那就會展現出相當健全的成果。

因為以世間標準來看算是不好看的長相，所以我必須努力去達到不會讓人丟臉的標準，我希望各位不要有這樣過度解釋的想法。而是要抱持著這是一個「興趣」的方式來讓自己變得更好。

「雖然我已經很完美了，為人也很幽默風趣，不過我對於讓自己變美的事物很有興趣，那我就來試試看吧！」

請以這樣輕鬆的方式來讓自己變美。

## 現在的工作是爲了要讓你有所成長

「只要做自己想做的事就好」，這是精神世界領域的萬年勸世訊息，但其實這也可能造成一個人獨自走上歪路的後果。

能夠抬頭挺胸說出「要做自己真正想做的工作」這句話的人，其實並不多。大部分的人應該都有意識到自己是為了要賺錢，所以只好屈就選擇現在的工作。

因此當你聽到有人說出「做自己想做的事」這句話時，請試著將手放在胸口上來好好思考——

「現在的工作好像有點不適合我？」

或許你的腦中會浮現這樣令人坐立難安的想法，那是因為在這個瞬間，你產生了現在的工作似乎「不是最佳選擇」的感受，認為應該有更適合自己的「好工作」才對。

不過我可以斷言這樣的想法絕對是「搞錯方向」。

**你現在所做的工作不是最好的選擇，這根本不合邏輯。**

但其實這句話可以套用在各種情形，不是只能用來描述工作。

宇宙認為會發生的事就註定會發生，所以這就是最好的選擇。因此相對於獲得宇宙大智慧而發生的事，能夠產生價值觀判斷的事物，都是因為彰顯自我所生的事端。

以自我為中心的人只會用對自己有利的角度去看世界。

這跟過往所發生的事一點關係都沒有，那是你的自我說了「不喜歡」，跟你個人也毫無關係。現在你做某一件事的這個狀況，原本也沒有任何問題。

因為並不是「狀況出問題所以應該改變」，要改變的應該是你看事情的「角度」。

**×（現在的工作不是最好的，我只是勉強做出這個選擇）↓○（應**

該要盡早離職去找尋自己真正想做的工作）

這簡直就是已經掉入陷阱的狀態。

宇宙的腳本並不會像我們會因自我意識過剩，帶著不好的情緒，在不確定的狀態下而擅自做出評斷。就如同聖經的其中一個篇章所提到的「神所創造的一切會隨著時間變得美好」那樣，一語道盡了善惡，以及每件事發生時機的可貴之處。

如果你現在還在做之前的那個工作，就不應該抱持著認為「這其實不是我真正想做的工作」，而整天想著要去找更好的工作而態度心不在焉。

這樣的心態對宇宙，不對！正確來說是對那個工作相當失禮的行為。因為那個工作也是因為有需要才會存在，如果不是由你來做，還是會有其他人頂替你的位置。

你以為可以將自己很想拋棄的「無趣工作」推給其他宇宙中的王嗎？

你是因為「自己的選擇錯誤」，所以才會有現在的工作，希望你不要搞錯這一點。在你之前的人生當中，應該做過無數個自己覺得不錯的選擇和決定。

鼓起勇氣抬頭挺胸，你不必表現卑微。你的自我意識要用什麼角度看事情是你的自由，但是你現在所做的工作就是「最好的選擇」。不論你多麼極力反對這個說法，甚至為此口出惡言，都不會改變這樣的事實。因為你就算抵抗也沒用。你在現在的工作的這個時間點上，這個工作絕對是你「最佳選擇」的事實面前，你也只能舉雙手投降。

就算你不願意投降，宇宙也不會就此放棄。它會在永恆的時間流動中永遠地等待著你。

因為那個世界沒有「漫長」的感覺，因此等待對它而言並不會感到痛苦。所以最後喪失氣力投降的，就會是能感受到時間漫長的「你」。因為打從一開始就已經分出了勝負。

我將這個世界比喻為一家有點奇怪的餐廳。

一開始當你以客人身分找到位子坐下後，你不用自己翻閱菜單點選自己喜歡的料理。而是由餐廳直接幫你決定餐點後再送到你面前。

但是你卻不喜歡那道餐點。於是你就把服務生給叫了過來。

「不好意思。這不是我喜歡的菜色，可以幫我換別的料理嗎？」

但是服務生卻一臉抱歉地迅速這樣回答。

「這位客人真的很抱歉，我們這家餐廳是採用客人第一道料理吃完後，再與『空』交換餐盤，接下來就能按照客人的喜好點餐的制度。這部分還請您見諒！」

「現在的這個工作並不是我的最好選擇」，這樣的判斷百分之百是錯誤的思考方式。

因為你現在的工作是為了讓你有所成長，而「告知你的訊息」。

不妨試著轉換看事情的角度，你會發現透過某些考驗，你就能從中獲得你所想要的「某樣東西」，或許可以稱這樣的考驗是你人生中的課題。

但現在重點是你不願意接受這樣的訊息。因為你的眼光短小，根本無法聽進去訊息所要傳達的內容。因此你才會感到痛苦，只留下「不想再這樣下去」的厭惡情緒。

一個新的視角就能讓你眼中的景象有著截然不同的大改變，讓原先的荒地變成一整片的花海。

你不需要真的去花費體力在荒地上種植出一整片的花海景象，你只要改變看事物的角度就好。

松任谷由實有一首歌的歌詞是這樣寫的：「映入眼簾的一切景象都是訊息。」

你如果是「真的要換工作」，那就是讓你生長的場所，收到了所有從宇宙而來的訊息的時刻。這樣你才能進入到人生的另一個階段。但若是不去理睬這些訊息，因為討厭現在的工作（×），所以很想要找到自己喜歡的工作（○），那就太自以為是了。因為這種有欠考量的願望，怎麼可能會為你的人生帶來重要的東西。

## 所謂的幸福就是去讚賞做出最好選擇的自己

感覺上這個世界的每個人都在追求「幸福」，不過一提到幸福是什麼，就會冒出許多種與幸福相關的個別解釋。

對有野心的人來說，或許幸福就是登上地位的頂端位置。對某些人而言，或許是要有錢才會幸福，至於那些只想要微小幸福的人，則是盼望家人能健康相處融洽地過生活也說不定。

以時間點來思考幸福與否，就是以「我現在並不是某個狀態」來決定。舉例來說，現在處於貧窮狀態的人就會認為「有錢才是幸福」。生重病的人，則是會想說「幸福是能夠健康地到處走動」。

就算現在不如想像中的美好，但只要肯努力就能達成目標的幸福，都還有實現的可能。極端一點的例子是有人會設定現實生活中很難完成的幸福定義。

像是因為遭遇事故而截斷雙腿，已經無法恢復原來的樣貌，但是對這樣的人而言，幸福卻是接回原來的雙腳，讓自己可以不靠義肢或機器輔助，以自己的雙腳走路。或者是希望死去的孩子，能夠回到自己身邊這類不可能完成的幸福。

以不可能會實現的事做為幸福標準的人，其實會過得相當辛苦。

因此，我在這裡想要提出的幸福論是——

**幸福是從那個當下狀態的限定選項中，**

**選出一個自己覺得最棒的選項，然後接受這樣的選擇。**

**不需要去強求自己沒有的東西，也不要想著「如果可以那樣就好了」，而去怨恨自己和這個世界，反倒是要去獎勵從這些條件當中，做出最好選擇的自己。**

舉個例子來說，假設有以下的這個情況發生。

在大海的深處有一艘客船因為事故而沉沒，許多人都在海上載浮載沉，因為沒有足夠的逃生器具，有越來越多的人都溺斃在海裡。

而當中有一位老人。

他的運氣不錯，他緊緊抓住剛好漂過來的救生圈，在海面上漂浮等待救援。但由於這個救生圈有可能無法支撐二人以上同時抓住的力量，所以如果想向其他人伸出援手，那麼二人都會同時沉入海中。而且在此之前，因為浪潮流動的速度相當快，所以說老人的四周已經完全看不到有任何浮在水面上的生還者。

於是老人漂浮在海面上，開始注意起四周是否有人的動靜。

然後仔細一看，有一位年輕的男性正努力漂浮在水面上。雖然距離沈船已經過了數十分鐘，因為還年輕體力很足夠，所以才能夠像這樣保持漂浮的動作。不過老人看穿了對方的表情。

看來他的體力已經快要撐不住了……。

這個時候在老人的心中突然湧現這樣的想法。即便他的身體有一瞬間想要去抵抗這個想法，但是他的內心深處卻馬上就接受了這個決定。接著老人就做了一個對狀況而言最好，對方也能夠接受的選擇。

那就是他靠近年輕人，將手中的救生圈交給對方。

「你抓住吧，我已經活得夠久了。從這裡離開之後，你還有大好的未來在等著你。

你不要覺得對不起我，這是我的心願，我自己想要這麼做，不用對我感到抱歉。未來就交給你囉！」

於是老人就這樣沉入海底。

年輕人最後獲救，將這個故事告訴給更多的人知道……。

請試著將我之前所提到的「幸福定義」套用在這個故事當中。

「幸福是從那個當下狀態的限定選項中，選出一個自己覺得最棒的選項，然後接受這樣的選擇。」

而這個故事當中所謂的幸福是指「二人都順利獲救」，這在現實中當然不可能發生。

我不建議各位去追尋沒有實現可能的幸福。但是我能夠理解那些本來就知道不可能會實現，但卻抱持「就算得不到幸福也無所謂」這樣特殊心理準備的人。

不過要是態度不堅決，卻以完全不可能實現的幸福做為目標，那麼你的生活只會充滿苦痛。

撲克牌就是利用所分到的紙牌來進行遊戲，不可能去奢求你沒拿到的紙牌花色。你只能將自己手中的紙牌發揮最大效用，在有限範圍內做出最佳的選擇目標。

你只能將手中的紙牌發揮最大的效果，而老人手抓救生圈漂浮在海上，這就是他「手中的紙牌」。因此他只有二種選擇。

**①讓自己活下來。**

## ②將救生圈讓給年輕人，犧牲自己的生命。

老人最終還是選擇②的選項。如果以結果論來說，因為老人是「選擇犧牲生命」，所以說距離「幸福」相當遙遠。因此當我們在思考「什麼是幸福？」時，幸福就會是另外一個層次的內容。

不過想也知道，要是同樣身處在老人那種情況下，搬出平常認為的「幸福」定義似乎也派不上用場。因此老人才會選擇拿出手中最好的牌，也就是「讓還有未來的年輕人活下去」，而且他應該也會對自己的這個選擇感到驕傲才是。

老人成為他人助力而走向人生盡頭，即便最後痛苦地溺水死亡，但或許他也已經從中獲得安詳。

所謂的「幸福」是指各位所面對的每一個瞬間。

「幸福」不單單只是某個情況下藉由時間而貫穿的一個情境。而是在每一個場合選擇當中，都會有幸福的身影存在。那個情況就是你所選擇的紙牌中最有效果的紙牌組合。

如果不能做到這種程度，就無法編織出充滿夢想的故事。如此一來，你就會有很高的機率發現到「與理想的狀況相比，現在的情況極為悲慘」，而導致情緒上的不愉快。

所以不妨換個角度看待事物，不要去管其他人手中握有怎樣的牌，而是去思考如何讓自己手中的牌發揮最大效用。

為了要讓各位留下更深的印象，我還是要再次強調。幸福是什麼？

如果要將「幸福」視為帶有一定難度的長期目標，而願意承受痛苦做出選擇，那倒無所謂。只是這樣就無法讓「現在」獲得幸福。

為了讓「現在」獲得幸福，就必須得從現在做得到的事當中找尋幸福。因此無論是在什麼狀況下，只要做出自己認為是「最好」的選擇，那就要讓這個選擇變得幸福。

然後就是要對做出這樣選擇的自己感到驕傲，也就是去感謝和慰勞自己。我認為將這樣的事當作是幸福，在這個世界遊戲中就更容易能過關斬將。

## 人只會看到以主觀爲出發點的事物

在之前的內文中，我也多次提及要認同「原始樣貌」、「真實面貌」的道理，但是我自己在日常生活中卻從來沒有思考過這件事情。（笑）

而且「接受原本的自己！」這句話就表示這個人在這個瞬間其實「無法接受這樣的自己」，不是嗎？

### 現在只能這麼做＝無法接受現況＝一直無法接受

這樣的感受就猶如在你眼前有一根綁著紅豆麵包的棒子，而你一直在追著麵包動來動去的樣子。一直往前進但卻無法縮短嘴巴和麵包之間的距離。

像是「認同真實的樣貌」，就是以「瞭解何謂認同真實的樣貌」為前提的一句話。不過在這裡要告訴各位一個殘酷的事實，那就是——

**自我意識（人類主觀角度）是不可能瞭解何謂「真實的樣貌」。**

人類想要理解某件事時，總是會忍不住仰賴自身經驗與累積的情感記憶。將「經驗值」當作是情報處理基礎的這個舉動，當然會因為每個人的不同，而產生對與錯的不同認知，以及所抱持的信念教條都會導致完全截然不同的理解內容。

因為具體來說，其實無法真正了解何謂正確的真實面貌狀態，因此當然不會產生「認同感」。要去「認同」一個自己根本就還搞不清楚的概念，這簡直是無稽之談。

那麼你能夠認同的真實面貌又是什麼？以下的這個例子可以做為參考。

**因爲不當行爲而被老師大聲責罵。**

**想要做的事遭到父母親反對。**

## 因爲朋友的無心之言而受到傷害。

假設你遇到以上的這些狀況。那麼心情很差的你，因為只知道一些入門的精神世界知識，於是你想要來妥善運用這些知識。應該要這樣才對！

雖然被老師給責罵，那我就接受這樣的情況吧！

**（老師雖然很兇，但是他也只是想要阻止不要再發生的事罷了）**

雖然父母不能諒解我，但這就是人生，我還是得概括承受！

**（雖然父母相當頑固，但我原諒他們）**

雖然因為朋友的話語而受傷，但現在不應該太過在意，不要想太多就好了！

**（朋友並不曉得他說的話會傷害到我）**

老師或許是為你好才會責罵你，只是你沒有察覺這一點，而且有很高的機率是因為你犯錯了。因此你才會想要去「接受現況」，不要讓自我意識影響了自己的判斷。

父母也不是故意在找你麻煩，他們會持反對意見或許是有他們的理由在。

但由於你的想法遭到否定，所以情緒當然會因此變得不開心，不過還是得努力去讓「不諒解你的父母接受你的想法」。

而雖然朋友說了一句傷人的話，或許可以說是其實朋友完全沒有要說你壞話的意思，反倒是你心中的某個部分擅自感覺受到刺激，所以才會出現這樣反應過度的情況。

對於這些不好的話，你或許可以用「我就以寬大的心胸來看待這位朋友，因為我是個寬宏大量的人」的態度來輕鬆化解這個誤會。

**當你說出「這樣就好」這句話時，**
**到底是從誰的觀點來看待眼前的事呢？**
**你是否真正瞭解了事情的本質了呢？**
**用所謂你自己的「自我意識」。**

你不可能以正確的角度去看待每一件事情，因為你只能用自己的主觀來看待這一切。人類在每一分每一秒觀察的「坦然接受」之類的態度，其實根本就行不通。

那是因為你的看法會受到自我意識、興趣、個人損失判斷等各式各樣因素影響，而出現思考偏離的狀況。

結論就是你無法「坦然接受」。就算你覺得自己做得到，但是你的接受理由還算不上是「真正坦然接受」。因為你根本就還沒完全瞭解「坦然接受」的真正涵義。

所以說在精神世界的課程中根本不需要去學習「何謂坦然接受」。可以不去思考這個複雜的問題，只需要去思考會讓人開心的事就好。試著去變化思考模式，激發出有別以往的想法也不是件壞事。要是真的辛苦到無心去做這樣的改變，那就只要讓腦袋休息就好。藉由身體的放鬆，讓腦中的思緒不要處在過度爆炸的狀態。

因為在你感到難受的時候，腦中那股要你「坦然接受」的想法，有時候會顯得多餘，而讓你感覺更加疲憊。所以說你不必去挑戰現況也沒關係。

重點是不要把事情想得太過複雜，以凡事單純思考的方式來面對眼前的困難。

如果以「一概認同接受」的態度來解決現狀問題，那就證明你是有被虐傾向，也就是運動熱血型的人。這種人想要努力沒關係，只不過我自己本身是比較不建議各位這麼做。

雖然日文中的坦然接受（A RI NO MAMA）很容易搞錯成
「螞蟻媽媽」（＊譯註 8：日文發音相同），
不過真的很難理解坦然接受這幾個字的真正涵義！

## 負面想法也要交由內心去做決定

國高中時期總是要經歷期中、期末考試的「試煉期」。在考試的前一個星期，整個周遭的氛圍就會有很大的改變。因為每個人（因人而異）都會盡自己所能努力念書。

只要老師表示「會從教科書上的哪個範圍中出題」，認真優秀的人就會將這個範圍的內容讀得滾瓜爛熟。因為他們就是從有限範圍內找出可能的考題內容，這樣的人即便會出點小錯，但是整體來說還是能獲得很高的分數。

另一方面，馬虎不認真的人則是會將考試當作是一次「冒險歷程」。就算老師交代要重新複習某個範圍的內容，但是他們還是會提不起勁讀書。而這樣的人只會挑「自己認為可能會出題的範圍」來讀。

但是最後的得分效果卻仍然會是不如預期。所以只能望著考試地點的天花板大喊說：「我這次搞砸了！」

之前也曾經有提到過「將意識化為現實」的這個概念。

實際上這句話不會被拿來隨便使用，即便這句話的確有符合從側面切入的極端觀點，但這句話對於生長在這個宇宙的我們而言，其實不太具有任何意義。

因此，我們身處的世界為了體驗不自由的感覺，取而代之成為了一個加諸了束縛的二元性世界。因此無法事事順心如意發展，而是會充斥著許許多多的幻想式陷阱。很諷刺的是「想要感受未知發展的體驗」，這樣一個創造意識相當強的願望，其實已經是「按照自己想法發展」的狀態。然而我們卻一概而論，以為「事情沒有按照自己所想的去發展」。

事實上各位所感受到的「事情沒有按照自己所想的去發展」，才應該是最真實的情感表現。要是你真正相信「將意識化為現實」這句話，那麼你就是對精神世界中毒太深了。而我則是想對這樣的你說這句話：

## 意識不可能會化爲現實！

這道理就跟美國的法律確實存在，不過因為我住在日本，所以美國的法律跟我一點關係都沒有，完全毫無瓜葛，不是嗎？

我們無法逃離生長在這個幻想世界裡的這個事實，不論我們的真面目是神、空，或是與他人分離的幻想，因為所有的一切都是相同價值的存在……。

如果你是因為認為意識沒有那麼簡單就化為現實而感到安心，那你必須察覺到一個人人都有可能上當的「陷阱」。那就是天真地相信「意識能化為現實」——

**負面的想法真的會導致不開心的情況發生。**
**因此最好不要有負面悲觀的想法。**

應該有不少人有這樣的煩惱。

那是因為你們認定：「心中的想法多少會影響到現實生活，擔心的情緒就如同負面思考那樣的波動，害怕會因此帶來不好的現象。」而且還認為，如果真的那麼擔心，那就在腦中浮現不好的想法時，在心中想說：「不可以，不可以，我不能有這樣的想法。」

這樣就能像雞毛撢子打掉灰塵那樣，將不好的想法從腦中抹去。《你所擔心的事有九成都不會發生》這本書之所以受歡迎，這也就代表社會上會對此感到擔心害怕的人還不在少數。

這裡要各位特別注意的是「負面想法是不好的東西」這個說法。如果要以挖苦方式來做說明——

**現在我要來評斷所謂的「只能這樣」的想法。**

**與其在那個瞬間想說只能這樣選擇，這就表示「不應該是這樣」。**

我的主張是「宇宙中的現在就是最好的狀況。」

換句話說，就算是以「擔心受怕」或是「負面想像」做為結果，那也是宇宙腳本上所寫好的最好狀況，這是毫無疑問的。

問題其實不在於負面思考的這個舉動本身，而是在於「負面思考而做出不該這麼做的決定後，卻又感到後悔」。

各位有感受到「幸福」嗎？然而這樣的幸福卻是建立在極為脆弱的基礎上，不知道何時會崩壞的「幸福」，不是嗎？

現在的你有家庭、情人，沒有面臨到什麼大問題，生活還算過得不錯。沒有出現新聞報導中那些不幸事件，完全沒有被那些事故給波及到。你的幸福不就是建立在這些不太會發生在自己身上的情況基礎上嗎？萬一你真的遭遇到這些不幸的事，那你還笑得出來嗎？

現在的「幸福」真的不會有瓦解的一天嗎？

我的幸福是建立在「做好心理準備」的基礎上。

我當然不是想要有任何不好的事發生在自己身上。

那是因為宇宙的腳本上寫著我現在的世界會是開心和平的狀態，那就當然要去享受這一切。不需要特別去拒絕這樣的好意。

不要因為自己沒有跟他人一樣遭逢巨變而感到放心，因為那樣的可能，有一天也有可能發生在你身上。我就是因為已經做好這樣的心理準備，現在的我才能開心地過日子。

清楚瞭解到蘊含無限可能的「當下」，的確是任何事都有可能會發生的這個體悟，就會是你生存在這個宇宙中最強的武器。

「抱持敵意想要避開不好的事，也剛好沒有壞事發生」的人生相當脆弱。

## 事先有所覺悟，再來享受人生，才會是堅固的要塞堡壘。

要是以絕對不會有壞事發生做為基準，一旦遭逢巨變，原先所訂下的基準就勢必要往下修正，而這樣的天差地別，只會讓人不敢恭維。

但如果是已經做好心理準備，想說就算是壞事也算是收穫，接受任何事都有可能發生的這個事實（即便人類不可能做到完全不會有所動搖的狀態），這樣比起完全都沒有思考過可能會發生的情況，當然會多幾分的冷靜。就是因為能夠保持冷靜，才能有對眼前狀況以其他視角來做判斷的空間。

於是——

**在什麼事都有可能會發生的這個當下，**
**才更要好好地去享受這個美好的瞬間。**
**因爲這是多麼幸福的時刻啊！**

如果在心中設下了最低的心理準備基準，那麼大部分會發生的事都不會影響到這個基準。

當然不是要我和各位都得很認真去思考該如何度過每一個瞬間，套用一句經常會聽到的說法，就是要善加利用「潛意識」。

正因為是無法自覺的無意識狀態，因此，即使以方法論或技巧也都無法立即見效。

因為只有「意識到」才能操作無意識狀態，不過這樣的意識舉動也還是要看宇宙的腳本如何規劃，時機成熟自然就會出現。

所以說，就是要各位不要想太多複雜的事，盡量放輕鬆。

而我為什麼會在一開始提到學生考試的話題呢？

那是因為本身對精神世界只有很淺薄的知識，所以害怕意識會化為現實，因此會下意識地出現排斥負面思考的傾向。

這樣的人就跟在考試時「賭運氣」的人很相似，因為他們希望不會有壞事發生在自己身上。他們期待會發揮不要這麼想（不要產生這樣的意識），這些壞事就不會降臨的效果。

老實說，不管你的內心抱持多麼正面積極的態度，會發生的事終究還是會發生。因為如果要說誰能夠判斷你現在的內心和意識處於不錯的狀態，那就是你的自我意識，當然不可能去預測之後會發生什麼事。

就如同先前所說的那樣，人總是會「只看到主觀判斷的事物」，所以說你的判斷認為沒問題，但其實並不那麼可靠。

而這樣的人生就是在賭運氣，認為世上的悲劇不會降臨在我的身上。

用睜一隻眼閉一隻眼的態度，打賭考試應該不會出現這個範圍內的題目，以為就算結果不如預期所想，也不至於受到重傷害。

因為他們並沒有全心投入去面對眼前的狀況，因此也沒有足夠的空間來處理後續的問題。

在這裡當然不是要各位在平常就刻意去想些不好的事情，而是要在這樣不好的想法無預警地出現在腦中時，記住不要採取敵視態度，就隨著內心的動向來決定之後該怎麼做就好。

各位很容易犯的錯誤是在負面思考出現的當下，自我意識的雷達就立即發出「發現敵人蹤跡了！」的反應，然後就開著戰鬥機前進。想要盡快展開迎擊，用飛彈將對方擊退。不覺得這樣的直覺反應真的是太誇張了嗎？

泰勒是會鎖定可能會出題的「所有考試範圍」。這不是在說場面話，我只是做好了不管宇宙發生任何事都能接受的心理準備，所以我現在才能笑著享受人生。反倒是大部分的人，總是會無意識地去擔心現在的幸福和平會瞬間崩毀，而以得過且過的態度在玩樂人生。

這個訊息是靈魂在旅程中屬於相當高階級的水準。對於訊息有點無法接受的人，就不要硬逼自己去消化了。但是至少將你現在所讀到的內容，化為你心中那個察覺到這個道理的「種子」。

即使現在不能立即發芽，但是總有一天會發芽成長，然後綻放出花朵。

## 你是眞正擁有最高權力的「宇宙之王」

這本書當中重要的主張之一就是你是「宇宙之王」的這件事，你是宇宙的中心，一切事物的主人公。

這樣的說法應該會讓各位產生不少疑問。

「除了自己以外，也將對方（他人）當作是宇宙之王，這就表示你必須要去尊重對方，不是嗎？我自己本身也會有想對其他人說某些話，或是希望對方怎麼做的想法，但若是以自己的想法去干涉他人，那就表示你是在藐視對方這個王的意識和權限囉？那麼到底怎樣程度的干涉是可以被接受的呢？（父母與小孩、朋友、公司的上司與下屬、同事等）」

這也就表示如果我是宇宙之王，那麼其他所有人也都是宇宙之王。那麼王與王之間若是意見或想法有歧見時，那又該怎麼做？當「宇宙之王 vs. 宇宙之王」的情況發生的時候。

到底是哪一方會比較具有指揮權呢？

「你」這個宇宙之王對上其他人的宇宙之王時——

**你比較重要。**

**你才是擁有較高權限的那個人。**

雖然理論上來說，其他人也是宇宙之王，但這是以其他人自身的觀點所看到的事實。以你的觀點來說，你才是最高權力者。

其他人雖然是王，但你本身是導演，也是戲劇中的主要演員和配角。老實說別人的想法都是次等重要的程度。

不好意思，我要舉個比較極端的例子。假設你的孩子因為自己的問題導致性命危在旦夕，但是他本人卻好像沒有意識到這個危機感。這個時候你會怎麼做？

小孩也是宇宙之王，這是他憑藉自己的意思而選擇做出的行為，所以你應該予以尊重。要是極力去阻止這一切，或許對方會覺得你很自私也說不定。

按照這樣的想法，所以就不必阻止孩子囉？但是有很高的機率會造成不可挽回的結果，就算是如此嚴重的情況，你還是會決定不出手干涉嗎？

我曾經說過這是個遊戲的世界。那麼對你而言，你現在正在參與的遊戲（人生）當中的勝利條件是什麼？如果你的回答是「養育小孩讓他擁有自立且美好的人生」的話——

**對方的情緒和想法都是過去式的問題。**
**如果用盡力氣也無法阻止要怎麼辦？**
**要是小孩失去性命，那麼你就會輸掉這場遊戲了？**

要記住就算同樣身為宇宙之王，「你自己本身」的優越性和優先性還是比較高。

想要讓自己變得幸福，你就要擁有自己的宇宙，你自己就是主角。要是你不能獲得幸福，那又會怎麼樣呢？

幻想自己是為了其他人（你自己也有相似的特質），而做出犧牲與忍耐，那要怎麼辦才好呢？這都是所謂的「本末倒置」。因此我要在這裡特別強調這一點。

**不用太在意他人的情緒。**

**只要專注在如何讓自己獲得幸福，自己想做的事，以及讓自己變得快樂。**

**讓這些事佔據人生較多的比重，然後持續去追求。**

**一旦能做到這些事，那即使什麼都不管，就能簡單表現出對他人的同理心。**

**不需要花費太多心力，應該自動就能達成這個目標。**

因為怕各位會誤解這段話的意思，所以我再更仔細的說明：對他人有「同理心」，是即使有這份心意，但也不可能立即見效。

體諒自己、愛自己，然後將自己放在第一優先的位置上，如果能做到這種程度，不必特別努力，也不用主動想要去「表現出對他人的體貼」，能夠在不需花費精力的狀態下就能自動達成這個目的。

如果不這麼做，而是只按照自己的意志，那就無法「表現出對他人的體貼」。因為不愛自己、卻要愛別人的這個行為，自己的價值觀不完全、卻要尊重他人的這個行為，最後只會落得徒勞無功的下場。

舉例來說，假設你是在從事農業工作的人。

農業工作有時候必須進行驅除害蟲的作業。

但由於害蟲也算是一種生物的「生命」，以這樣的角度來認真思考，這個想法就是尊重害蟲的「生命」，應該有人也會覺得殺死這些生命會產生罪惡感。

在這樣的情況下，以下的這一番話應該能派上用場。

**宇宙之王是你而不是蟲。**
**你想要從事農業這個工作，想要從中獲得喜悅感，那就抬頭挺胸做你必須該做的事。所以就儘管殺了害蟲不要有罪惡感。**
**雖然不需要有罪惡感，但還是要抱持「感謝之意」，再來殺害這些害蟲。**

當你被蚊子叮的時候，你會立即殺掉這隻蚊子嗎？
就算是有人會刻意不殺蚊子，如果是打從心裡不想殺蚊子，那就是表現出尊重。但如果因為受到「殺生不好」的觀念束縛，憑著一股正義感才不這麼做，那就太可笑了。
我希望各位在獲得必要收穫的同時，也必須抱持「感謝之意」來驅除害蟲。要瞭解這麼做才能讓自己在世界遊戲中朝著好的方向前進，對這一切產生感謝。

因為除了你以外的世界都是為了你才會存在，會讓你感到無比喜悅的機會正在等待著你。所以說必要的事就一定要去完成，不管手段為何。說了這麼多，要是你還是無法消除罪惡感，這就表示你根本就不適合從事農業這個工作，建議你還是趕快換成其他比較高尚的工作。

另外再舉一個比較俗氣的例子。

想像現在有一位知名的歌手，他（她）就是踏著無數人的屍體往上爬，才能有今天這樣的地位。

在徵選會時有幾個人落選？有很多人是單純只想要以成為歌手為目標，而認真在接受挑戰，但由於椅子的數量有限，歌唱不好誰也不可能坐上這個位置。

要犧牲多少人悔恨的眼淚，才能以一位歌手的身分獲得成功？但是這位歌手是否就要這樣帶著罪惡感過日子呢？每天都感到很抱歉，這樣怎麼可能會把歌唱好。

如果你是跨越許多困難才得以完成夢想，但是卻對這些困難感到抱歉，這其實是很失禮的態度。

**就是因爲對他們抱持感謝之意，才會帶著感激而用盡全力，什麼是所謂眞正的回報？難道不就是能夠正大光明地面對所有人嗎？**

體育界也是如此，只要出現顧慮到其他人的瞬間，你就輸了。因為不管在哪個世界，應該都不存在有認為「只有我一個贏家好像不太好？」為此而不去發揮實力的運動選手。而是應該要全心全意地將專注力放在自己的勝利上。

如果可以做到這種程度，神奇的事就會發生，那就是你與其他人之間的關係也會出現好的進展。

事情之所以進行的不順利，就是因為你那不上不下、會去顧慮到其他人處境的態度。

因此，首先還是要好好思考是要把將焦點鎖定在自己的幸福和喜悅上呢？還是要徹底為他人著想（並非義務感作祟，而是你自己想這樣做），最後還是得做出決定。如果決定各做一半，那麼你也會分裂成一半。

這些內容其實都是對這個世界的挑戰書。

大多數的人或許都選擇對此保持沉默，因為我要你們把自己看得比其他人還重要。這跟我們以往所學到的美德與理所當然的常識有所出入，也就是會打破「要懂得顧慮他人、體貼他人處境，以和為貴」這樣的道理。

正確的說法是我們並不是要完全捨棄這樣的想法，但是我想表達的是以這樣退讓的情緒，就無法真正去鎖定自己的目標。

因為只要把自己看得很重要，那麼自動就會有「以和為貴」的效果出現。

這就跟你買了零食送玩具是一樣的道理。因為你不能只買玩具，你只有買了牛奶糖商品才能得到玩具。

而牛奶糖商品就是「將自己這個宇宙之王當作是最重要的人」，至於附贈的玩具則是「尊重他人保持關係和諧」。

在下一個章節的內容會改變主題走向，以小說故事風格來描述我因為覺醒體驗而成為泰勒的大半人生故事。

我之所以願意透露這樣的事實，就是想要為那些與我有相同處境，感覺人生沒有希望的人注入一股力量。

這些內容或許過於赤裸裸也不討人喜歡，但我相信這當中一定有之前內容所要強調的主張。有時候甚至會出現讓《小天使》的羅曼亞管家感到氣急敗壞快要昏倒的內容，到時候也請見諒。

那麼，接著就來揭開賢者泰勒的人生故事吧！

# 第4章　覺醒前的人生

## ～蛻變為泰勒前的軌跡

## 熱衷於新興宗教的大學時代

### ～成爲身心障礙者的看護人員

我到底是哪裡出了錯？

直到過了三十五歲之後，我才能以客觀角度來看待自己的真實人生。打從出生以來，我都是以「積極正面」的態度來過生活，而我也從來沒有走錯任何一條路。

然而我的命運卻好像完全無視於我的努力，因為我的人生突然之間卻變得很不平靜。

我在國小、中學、高中時期一直都是個很認真讀書的學生，雖然對理科不是很拿手，但還是憑藉著擅長的國文和英語科目，順利進到外語大學就讀。

如果要我來形容我自己，我基本上是個性認真誠實，不會去反抗老師和父母的乖寶寶。

或許是因為我個性溫和順從，因此我特別受到大人，尤其是學校老師的喜愛，我和他們都是熟到可以相互借書的關係。但是在當時的年輕人當中很流行的「尾崎豐」熱潮，我卻是一知半解。

由於我個性溫和順從，在校時期因為受到老師們的喜愛，而獲得極高的評價，不過直到出了社會之後，我才瞭解到這樣的個性，根本就沒有任何加分效果。

上大學後，我滿腔熱血地想要去「好好享受校園生活」，但是就在入學典禮不到一個星期的某一天，我收到一個社團活動的加入邀請。

天生好人性格的我，因為沒有拒絕的理由而答應，所以就跟著對方加入這個社團。但實際上這只是以大學社團為名義，而想要招募許多年輕人加入的某個基督教派的新興宗教團體。

他們認為對大學生而言，人生和宇宙的根本問題相當重要，他們會以年輕人取向的教義來傳授容易理解的入門內容。然後在乖乖上課的過程中，我也慢慢習慣了這樣獨特的思考方式。

等到你加入一段時間後，教義的本質與宗教創始者是誰的疑問也會一一得到解答。雖然說這就是一個新興宗教吸引信徒加入的基本流程，但是當時我可是很欣然就答應了，而且那個時候還很感動。

不過我明明一開始是很期盼能夠享受大學生活，但卻因為接觸了這個宗教，而產生了「要盡快解救這個墮落世界」的想法，因此我變得相當熱衷參與宗教的相關活動。

結果這次變成我站在大學校園與車站前，鎖定大學生為目標來進行傳道活動，這簡直就是所謂的「反客為主」。我已經不會去想說要如何使用時間來讓自己開心，這就跟鹹蛋超人「為了維護世界和平，拋棄了與愛人同歡的時光，選擇為了世界戰鬥的這條路」是一樣的道理，因為那時我的腦袋裡只想著「如何讓更多人能瞭解到真理」的這件事。

可以說我當時的整個世界，都是以這個宗教的教義為中心在運轉。

然而，卻發生了讓我持續四年宗教活動畫下句點的一個事件。

因為我一直都是偷偷在參與宗教活動，但是到最後還是被父母給發現了。於是相當擔心我的父母便竭盡所能要勸說我看清事實，使用了各種方式要說服我退教。

即使受教義影響相當深的我極力抵抗，但是經過約半年時間，最後我冷靜思考，還是認為「這樣的狀態不能讓我獲得幸福」。於是我便在深思熟慮後決定離開這個宗教團體。

因此我就在大學四年級時，終於有了要過著普通生活的想法。

在此之前，讀書等事情都是我的次要選擇，我只要有時間就會研讀教義，或是去外面傳教，因此就算我讀的是外語大學，但是我的外語能力程度卻是在水準之下。

因為我都是忙著在「拯救世界」，認為讀大學就是「只要取得最低標準的學分數，可以順利畢業就好」。在那個相當熱衷宗教活動的時期，也覺得畢業後成為宗教的貢獻者（在宗教團體內工作，在那個世界裡獨立養活自己）是理所當然的一件事。

然而，我最後還是為了拚命試著要將我救出來的父母，而回到普通的人生道路上（以結果來說應該是對的選擇）。我將重要的四年都奉獻給了宗教，但是卻忽略了「語言學習」的本份，所以當然找不到好的公司職務。就職活動也因為宗教問題而受到影響，所以比其他人都還要晚一步才開始，當時根本就無心在找工作。

由於畢業後的工作一直沒有著落，因此喜歡小孩的我不知道吃錯了什麼藥，就突然將「幼兒教育」訂為努力目標。

現在的職稱是「幼教師」，但是在我那個時候是稱為「保母（保父）」。之後我成功說服父母，在大學畢業後就直接進入幼兒教育專職學校就讀。我就是從那個時候開始反省過往自己的行為而拼命讀書，就連從沒接觸過的鋼琴也努力從頭學起，為的就是要想盡辦法要取得保母證照資格。

然而在那個時候命運的女神，卻對我這個死命朝幼教之路前進的人相當冷淡。

因為在當時男性的幼教師，還沒有像現在這樣普遍。那個時候還是「女性社會」相當明顯的時期，我找了許多的相關工作，但卻都被拒於門外，沒有一家公司願意錄用我。

當時除了我以外，其他和我同樣就讀專職學校的男性同學另外還有三個人。二百位的女性當中，只有我們這幾個男生，應該不難理解男性比例的落差程度。而四人當中的二人之後也順利進到當地的幼稚園工作。

而我則是比任何人都還要認真學習與實習，我有自信已經發揮了全力以赴的水準。然而到最後，我終究還是沒有走上期盼已久的「幼兒教育相關道路」，這也讓我感到相當懊悔。

這個時候平常與我交情不錯的老師，因為很同情我的遭遇，所以老師就透過關係幫我介紹工作。那份工作和小孩完全沒有關聯，而是患有成人障礙的患者工作的地方，也就是所謂的「庇護工廠」。原本想要成為看護人員的我，就在老師的推薦下，首開先例願意接受我的保母資格，而讓我在那裡工作。

因為失業中手頭也不寬裕的情況下，最後我還是接受了工廠職員的這份工作。而面試和考試都只是做做樣子罷了，所以很快就決定錄用我了。

結果我在這家工廠前後持續工作了長達七年的時間……。

而這個時期正是揭開日後我走上人生崩壞道路序幕的開始。

## 渴望談戀愛的職場時期 ～爲什麼我交不到女朋友？

原本應該歡度青春的絢爛大學時代，我居然將所有的心力都投注在宗教活動上。同年紀的男生在這個時期應該都已經有過一、二次的戀愛經驗，交過一、二個女朋友了（二個以上感覺有些問題？）。但我卻因為對宗教的使命感，而徹底去壓抑了年輕男性自然而然會產生的慾望，結果卻導致強力的反撲，讓我整個人都快招架不住了。

因為我已經二十五歲了，卻還沒有和女性交往的經驗。但是要我故作輕鬆地去「聲色場所」，以這樣的方式來更瞭解女性的一切，感覺又很可悲。再加上工作也已經確定，這也再次讓我燃起「想要交女朋友！」

的那股慾望。

因此我在職場上相當努力在找尋戀愛對象。在七年的在職期間，我對六位同事產生過好感，其中的二人和我有更進一步的往來。但其中一人卻有很強的防衛心，導致我們之間的關係遲遲無法有所進展，於是我決定放棄。

至於剩下的那一個人則是和我很有發展的空間，但是我居然跟《男人真命苦》（*譯註8）的寅先生一樣，不知道哪裡出了問題，整個情況卻演變為我反過來祝福這位女性對象和其他男性同事交往。

結果最後我的身邊卻一個人也沒有，這也讓我陷入厭惡自己的情緒當中。

但由於職場是經常都會碰面的場所，要是出了點差錯，會導致同事連見面都會很尷尬，所以說談戀愛這件事也必須畫下休止符了。而我為了

---

*譯註8：《男人真命苦》：由日本松竹映畫所製作，系列總計達48部的喜劇電影（1969年—1995年）。當製作到第30部系列作電影時，被金氏世界紀錄列為世界上最長的系列電影。

彌補我內心的空虛，我只好轉而去尋求其他各式各樣能夠讓我順利交到女友的方式。

其中一個途徑是經常會在雜誌上刊登廣告的「戀人介紹」公司。只要將自己的檔案寄出，電腦（這是什麼樣的電腦？）就會幫忙找出理想對象。一旦登錄成為會員，一個月就會收到三～四位女性附上照片的個人檔案。

系統的運作方式是，如果我這邊有想要交往的意思，就只要在欄位上打勾送出即可。而收到回覆的公司方，則是會將我的想法傳達給對方的女性知道，如果對方也表示ＯＫ，那麼兩人之間的交往關係就會成立。

而為了成為會員，我付了一筆不算便宜的金額（約七萬日幣）。雖然我長相不算出色，卻還是想要以「帥哥」自居，但是基於「怎樣都想要交到女朋友」的強烈動機，我想還是謙虛一點會比較好。

而且我不會去在意枝微末節的不滿意處，只要是收到介紹通知，我就會全都回覆「有想要交往的意思」。但是結果卻是……，一年半以來我都沒有和任何人成功交往！

對此我感到相當憤慨。因為我可是拉低身段，將所有的介紹都表明有交往意思了……，然後對方居然沒有絲毫顧慮到我的心情，就這樣把我給甩了。真的是太可惡了！

我也因為感到太過空虛，所以中途就退掉會員資格。不過我同時間也採用了另一種方式，那就是現在這個時代所說的「交友平台」。我在二十歲時還沒有所謂的交友平台的說法出現，因為那時候的網路普及率還正在起步階段，當時比較盛行的是「電郵朋友募集留言版」。

舉例來說，就是「二十歲男性，興趣是看書和看電影，喜歡的音樂類型是美夢成真和 Bz。興趣相投的朋友請務必和我成為電郵朋友！」，以這樣的模式在男性專用的留言版留下個人檔案。要是有女性朋友感興趣，你就會收到對方的來信。

如果第一次與對方取得聯絡，之後就看你想怎麼和對方來往。當然女性也有專門用來推銷自己的女性專用留言版，我也在那邊與多位女性有所接觸。

我就像是在海邊放著好幾根釣竿的釣客那樣，在等待著其中一根釣竿有魚上鉤。然而最後都還是無功而返。

在我幾乎加入了所有的留言版，寄出無數封郵件給多位女性的幾年間，實際上我卻只有和其中四位女性見過面。我與其中的三人進展極不順利，見面當天就是我和她們最後一次的見面。

當中只有一個人讓我有產生好感，也想要和對方順利成為男女朋友。對方是在化妝品公司上班，和我同年紀的女性。我們出去約會了好幾次，那時候真的很開心，到現在都是很美好的回憶。

但是就在對方最後一次約我去咖啡廳時，卻突然跟我宣告說：「我不會再和你見面了。」對我而言，我是這麼喜歡對方，所以應該不可能會做出讓對方感到不愉快的行動，當然這只侷限於在我的認知範圍內。

所以當對方突然提出分手一事，我還來不及反應，只能直覺反問對方說：「為什麼？」而對方的回答也異常冷淡，要我「將手放在胸口上，聆聽自己內心真實的心聲」。

那個時候我還天真地照著對方所說的「將手放在自己的胸口上」。還以為這個舉動能夠讓對方敞開心房，所以我才會誠心做出這個動作。但是對方卻呆在原地，然後就起身離開了咖啡廳。

後來因為想起了這段回憶，終於知道當時為什麼我那麼努力，卻無法得到女性青睞的理由。那是我在工廠工作第七年的某一天，我的上司這麼對我說——

你是不是有「發展障礙」？

試著聆聽自己的心聲……，
但還是摸不著頭緒（淚）

## 發展障礙的這個包袱 ～自暴自棄的時期

在這個世界上，大多數人應該都是在追求會隨著年資調漲薪資，而且能夠從中學習到技術的工作。

在菜鳥時期理所當然會充滿幹勁，對工作狀態還算滿意。但是經過幾年後，具體的工作內容已經變得無法滿足自己，所以會產生想要更多附加價值的慾望。

從普通職務升級到更細部的工作，期盼自己能在職場上學習更多，改善自身的不足，並激發出嶄新的創意。期許自己能夠有朝一日成為需要指導新進員工，調和職場上人際關係的中間管理職。

不過在我進入職場的第七年，上司給我的評價居然是「跟新人時期沒什麼改變，技術沒有精進」。

我只有工作態度被打了滿分，如果要論努力程度，我可是不會輸給任何人。因為在這七年間，我從來都沒有遲到或請假過。實際上有一次遲到，但由於是受到 JR 電車事故影響，使得列車延後開車，我也有拿到遲到證明，所以在書面紀錄上還是「無遲到」的狀態。

然而生活在這個世界裡，光是認真並不能讓你一路過關斬將。我雖然在工廠擔任職員長達七年時間，但是我卻缺乏領導能力，而且工作上不夠細心。由於是社會福利職務，需要經常面對人群，所以在這個部分的能力會特別嚴格要求。

有一天我的直屬上司跟我這麼說：「你是不是有『發展障礙』？雖然你能夠將固定內容的工作做得比任何人都好，但除了『固定工作』以外，卻看不到你在工作上的創意和發展性，以我七年來的觀察，你可能有這樣的障礙。」

而發展障礙其實是「自閉症」的親戚，乍看之下會覺得這個人很正常，腦袋聰明，也很會說話，特徵則是「無法辨別場合氣氛」、「無法察覺他人的情緒變化」、「不太會推估後果，不懂怎麼合理地去提升效率」、

「不喜歡更動已經習慣的順序和預定事項」。

而且這是先天性的缺陷，無法用一般的醫學來進行治療。

各位比較常聽到的應該是「亞斯伯格症候群」（＊譯註9），這也是發展障礙其中一種表現症狀。

於是我跟上司借了一本書來看，書名有點記不太起來，好像是《你該不會也有發展障礙？》之類的書。

書中列出許多要確認的問題，打勾的數量越多，就有越高的機率會被判定為發展障礙。然後我所得到的卻是……，讓人百思不解的結果。

應該要怪這本書的內容本來就很奇特，但是看問題本身又沒什麼怪異之處，於是我決定去精神科醫院進行鑑定檢查。

我在那裡做了幾個心理測驗，像是「這張圖看起來像什麼？」，對方會敘述一些各種日常生活中的情況，然後問我說：「在這個時候你會怎麼做？」

我因為絕不想要被判定為發展障礙，所以很認真在思考「一般人會怎樣回答？」後再作答。而結果居然是……，我確實有可能患有自閉症發展障礙！

怎麼會這樣……，看來就算我努力想要去思考「一般人的回答」，我的思慮還是無法跳脫有發展障礙的思考模式。於是我就收到身心障礙手冊，從那一天開始，我就跟「身心障礙者」這五個字緊緊相依了。

我那麼努力想要談一場戀愛，很想趕快交到女友展開初體驗，但卻因為這件事遭受重大打擊，不得不放棄的我也因為情緒上的反撲，而開始流連聲色場所。

之所以決定這麼做，有一半的原因其實是認為如果不靠著金錢的力量，只靠己力（人類力量），不可能有女生願意和我發生關係，而我也想

＊譯註 9：亞斯伯格症候群，（英：Asperger syndrome，簡稱 AS），是一種泛自閉症障礙，其重要特徵是社交困難，較喜歡獨處，眼睛沒有正視他人，不善於處理衝突，喜歡例行性事務，不喜歡變化。相較於其他泛自閉症障礙，仍相對保有語言及認知發展。其中不乏少數高智商患者。

以這樣的方式來逼迫自己忘卻這樣汗顏的過去。

不過在那段時期卻也因為經常流連聲色場所，使得我在財務上也開始出現困難。

接受了醫院診斷，證明並非臆測，而是我真的有「發展障礙」缺陷，而職場方面則是得知這個結果後對我表示：「再這樣下去，現在看起來沒事，但難保會不會有一天發生問題，到時候再要你辭職找新工作也說不過去。我不是在羞辱你，只是覺得你現在辭職，去找一個適合自己的新工作（能力範圍內的工作）會比較好。」

場面話的勸說，但實際上就是標準的「解雇」動作，但是我也不能因此單方面責怪對方。因為職場本來就需要達到能力水準的職員，是我自己能力不足。於是我便以自願離職方式，離開了我待了七年之久的庇護工廠。

這個時候我才覺得好險我在這七年間沒有談戀愛。因為要是我順利和某位女性交往，這時候只會讓對方為我擔心受怕罷了，而且也很有可能因此讓對方萌生分手念頭，再加上沒有工作，經濟上也會出現問題。

命運之神就是因為預知這樣的結果，所以才不願意讓我交到女友，因為和我這樣的男人交往，實在是太可憐了。

基於這樣的理由，我決定接受七年間都沒辦法交到女友的這個事實。這樣說或許有些怪異，但我那時候還真的是有鬆了一口氣終於獲救的感覺。

我既然已經知道自己有發展障礙，但是關於之後我所選擇的不適合工作，現在的我只想問：為什麼當時會這麼做？

我從工廠辭職後，就以「契約職員」身分進入到USJ（日本環球影城）工作。

由於工作地點是主題式樂園，所以我想要「開心地做好工作」。然而我的想法還是太天真了，因為這畢竟還是人際關係頻繁互動的工作，所以我做不到一年就決定辭職了。

這時候我瞭解到不管是正式職員還是契約職員，我都付出太多的心力，肩負過多的責任。我因為有發展障礙，一般大人能負起的責任，對我而言都會像是重物般沉重。因此我萌生了打工的想法，因為今後我似乎已經無法每天戰戰兢兢去工作來撐起一個家庭，即便收入大幅減少，但至少要養得起自己一個人，而且我的壓力也會減輕不少。

基於這樣安逸的想法，於是我便開始在兼顧興趣和實際利益（？）的成人影音光碟店當打工店員。

但在我做出這個自己可以認同的決定前，其實背後還有一段故事。

因為說到打工性質的工作，最常聯想到的就是服務業的買賣關係職業。像是賣場必須規劃出各家廠商和AV女優一整個月的促銷活動，這些都是需要「無限創意」與「自主性想法」的工作。我雖然能夠將上司交代的工作做好，但是要我自己去衍生出不在範圍之內的工作附加價值，這對於欠缺這些能力的我來說，無非是莫大的沉重壓力。

再加上我身邊大多是只想著怎麼提升業績的男性同事，因此我在人際關係的維持上也吃了不少的苦頭。

結果這個工作也做不到一年就離職了，不過之後回想起來，當時也算是有所收穫。那就是店裡面因為促銷，所以會定期舉辦ＡＶ女優的握手會和攝影活動，而我也因為店員身分要負責接待，而得以有機會與對方有所接觸。

當然基本上還是由經紀人在主導，但是店裡還是得負責準備好麥當勞食物和飲料之類的「跑腿工作」，店員則是有機會可以看好時機和ＡＶ女優說上幾句話（但是大部分時間都有保全保護）。

親身與從事這類工作的ＡＶ女優接觸後，我也瞭解到她們身上所背負的壓力，內心情緒的複雜，很難簡單以言語說明，所學也絕非從她人身上的學習，而是必須「親身上陣」來摸清這一行的規則。而這樣與她們接觸的經驗，也成為我至今從事精神世界諮詢活動的靈感來源。

不過我是在之後才意識到當時的經驗能派上用場，不過倒不是為ＡＶ女優擔心，而是自己的處境變得越來越危險。

因為在我辭去打工的工作後，我終究還是走上了「無業米蟲」的這條路。雖然說我的家庭並非特別富裕，但至少我的父母還是有能力養我。

不過在我心中卻萌生了這個社會不需要我的想法，認為自己是不夠資格的人。心想我只要乖乖待在家裡，一直沉溺於電玩遊戲中，就不會對社會造成危害。

而這樣的生活只持續了一年就開始出現破綻，因為我的精神狀態開始惡化了。某一天，我深刻感覺到自己的暴走行為，心想「我不能再這樣下去了」。

於是我決定去精神科醫院就診，只想要專心養病，讓自己的精神狀態可以恢復正常。

不過就在看病之後，第一波人生變化的大浪就開始朝我襲來。

## 與基督教的相遇 ～覺醒體驗的衝擊

因為我先前認識了基督教派的新興宗教，因此我只是將聖經的相關教義，當作是處世基準偏頗的教義解釋。

之後我還是去看了精神科，等到我的精神狀態稍微穩定後，我的腦中卻突然有一道靈感降臨。

腦中有個聲音跟我說：「去讀聖經！」

這裡所指的並不是新興宗教那偏頗的解釋，而是去原本就已經存在的基督教教堂，聽聽對方如何說明「正統聖經」的學習方式，或許會對人生有所幫助。

因此我又得再次與聖經面對面，於是我查詢了住家附近的教堂，打電話與對方聯繫。當然是為了要在電話中表明自己對基督教感興趣，而且想要前去造訪的想法。

於是我便在絕對會有人接聽電話的星期天午後撥打電話。因為我知道對基督教而言，星期天就是被稱作是「聖日」的重要時刻，所以我才會選擇在下午二點過後再打電話。

因為早上到中午教會要舉行相當重要的「禮拜」儀式，所以我刻意避開這個時段……，但是卻沒有人接電話。隔天我也打了電話，但仍然是沒人接聽。

這樣的結果也多少讓我顯得有些意興闌珊，一般人應該會感到驚訝認為「對方是真的有心想要吸引新的教徒加入嗎？」，然後選擇與其他的教堂聯絡。

但是我不知道為什麼，心理就是有股非這個教會不可的感覺。既然電話無法聯絡上，我就在某一天決定親自登門拜訪。

姑且不論現在是即使登門來宣傳「佈教活動」，也會被拒於門外的時代。然而像我這樣的年輕人卻願意「自動上鉤」，我甚至沒思考過對方會問我說「是否對聖經感興趣」等問題的可能性，就在對方敞開大門迎接我之前，這樣的主動出擊應該就足以讓對方嚇了好大一跳吧！

要是我沒有那個決心，那就算加入這個教會，也只會是有害無益罷了。

不過現在回頭來看，要是我當時加入別的教會，應該就不會造就現在的我。站在這個立場來思考，看來一切的緣分真的是相當不可思議。

在這個到處充滿刺激的現代，現在的年輕人應該很難想像，居然有人願意利用珍貴的星期天的半天時間都待在宗教機構裡。

而我參加的教會也有年輕人太少的煩惱。當時的我已經三十八歲，教會裡比我年紀大的是五十二歲，最小的則是小學六年級生。實際情況相當極端，因為在教會裡根本就看不到二十、三十歲年輕人的身影。

除了教會本身缺乏年輕活力外，願意捐錢的也都是靠著退休金生活的人，這也使得教會的財務出現經營困難的情況。

因此我的加入就一定會被賦予冀望。「你將來一定要好好撐起這個教會！」，我聽到這一番話，就好像是心臟被重重打了一拳。因此我決定要取得牧師資格，也進入神學院就讀。我真的沒想到到了這個年紀，居然還會跟學校二個字沾上邊。

各位一聽到神學院，或許腦中會浮現氣氛溫和的學習場所情景，但是我會形容那個地方是「虎穴」。因為我是帶著體育系學生的那股幹勁來就讀，所以因此吃了不少的苦頭。與其說是嚴格的教育，更直接的說法是斯巴達式教育。現在回想起來，對於我可以順利畢業的這件事，還是感到相當不可思議。

不僅讀書標準很嚴格，舉止規定也很嚴苛，經常都要在街角發送宣傳單，還得一手拿著地圖挨家挨戶投遞，也要在車站前對著路人進行演說，甚至要進行「佈教活動」。之後回過頭來想想，當時的經驗對現在我所參與的活動，其實有很大的幫助。

我不是這個世界的負擔，我是必須的存在，而且上帝將我視為祂的子民而愛著我。這樣的自我肯定想法，將我原先因為發展障礙而產生的自卑感一掃而空，我就像完全變了個人似地煥然一新。

而我也在三十九歲的年紀，終於得償宿願順利結婚，對方當然是擁有相同信仰的女性。即使在我從基督徒轉換人生跑道，以泰勒身分存在，我的好妻子仍然願意在背後為我持續加油打氣。

我的人生歷經長時間迷惘狀態，總算是穩定下來了。這一切都是因為我認識了基督教，意識到這一切都是為了讓我體會到牧師為自己天賦所產生的結果。我為自己的人生下了這樣的結論，因為人生的際遇就是這麼有趣。而且我的人生旅程還沒有結束。

某日，我在大型書店內站著翻閱書籍。我在擺放基督教書籍的專區找尋我要的新書，但卻搞錯而拿到「精神世界」類型書架上的書。那個時候不知道是吃錯什麼藥，手中拿著一本名為《與神對話》（尼爾・唐納・沃許著）的一本書，而且還開始看了起來。由於書中內容有提及基督教的上帝觀點，讓我不由得一直看了下去。那個時候我的腦袋產生了好像被榔頭給重擊一般的衝擊，感覺自己的價值觀，因為激烈的化學反應而出現了變化。

因為即便我相當熱衷於基督教，但有時候還是難免會產生疑問。其中一個讓我感到不解的是「相信耶穌基督是救世主就能獲得救贖，如果無法接受這樣的觀點，死後就無法上天堂，而是會下地獄」的微妙主張。

這是表示～上帝代表的是神愛世人的存在，而那個上帝讓人類相信基督教，但要是你不進入這道窗口（也可以形容為捕鼠器），你就無法得救囉？

另外，我還有一個疑問。那就是基督教會將我們所身處的這個世界稱為「虛偽墮落的世界」。

據說原本應該是伊甸園（沒有惡意與犯罪的世界）的狀態，但由於人類祖先的亞當與夏娃違背了上帝的話語，使得這個世界出現犯罪，而成為現在這個讓人難以生存的世界。

因此為了要導正這個世界所犯下的錯誤，耶穌基督便再次降臨在世上，為的就是要消滅罪惡，要來執行「最後的審判」。這就是「世界末日（不是日本的歌唱團體）」，如果要以一般能夠理解的話語來說明，也就是所謂的「哈米吉多頓（最終戰爭）」。

在經過善與惡，光與暗的壯烈對戰後，善獲得勝利，惡最終會被消滅的情節走向。

其實我不太想去深入瞭解現在我所生存的這個世界的惡行以及虛偽，即便有時候會因此感到痛苦，但是每個人都是在盡自己最大力量在追求一個活著的最好結果。

當然這個世界不可能順著人類的意圖，而讓某些事發生，也不會按照這樣的模式在運轉。沒有比這個世界還要忤逆人類意圖的世界了，就是因為總是會發生「錯失瞬間」的情況，才得以交織出世界上悲喜交加的故事。

不過，這不就是活在這個世界上的意義嗎？包括人生當中的矛盾與掙扎，重要的不就是該如何去阻止這些事的發生嗎？因為只有將惡行導正並預防其發生，才能讓這個世界變得更美好，不是嗎？

證據就在於從基督教徒身上，可以發現到損益和利害關係佔有極大的影響力。因為即便是擁有相同信仰、價值觀的教徒夥伴之間，也會有意見不合吵架的時候。

而其實我們教徒所加入的這一類為拯救人類而成立的組織，其內部已經出現極大的矛盾。因為教徒們會以「自己有值得被拯救的基準自居」，以前輩的立場引導多數人做出不需要被拯救的結論。

這樣不就只是理論在空轉罷了？就在我拚了命進行佈教活動的同時，我很認真地在思考這些事情。

然而我手上的這本《與神對話》，卻能夠對於我所抱持的相關疑問，給予相當明確的解答。

直到現在，我都還是會把這本書搞錯當作是基督教的書籍。要是我事先就知道這本書的內容，那麼我應該會先入為主將其視為「異教書籍」，對此書抱持距離，只看了幾行文字就會停止翻閱。

而這樣的體驗也決定了我日後的人生。我在上教會的同時，也開始翻閱精神世界領域的書籍。

這不單單只是與神的對話，而是與好幾種的精神世界領域的接觸，我對於這樣的新鮮感深深著迷。我甚至還順勢去參加了相關的演講活動。

我同時在從事宗教和精神世界領域的活動。即便我腦中經常會浮現「再這樣下去好嗎？」的想法，但這就跟吃蝦味先零食一樣，我陷入無法自拔，停不下來的熱衷狀態。

然後就在某日的早上，我躺在床上卻經歷了衝擊性的體驗。

一開始我以為自己在作夢。

我待在周圍什麼都沒有的空間內，只感覺到一片漆黑。這時候有一道光出現，然後所有的事物開始浮現，我的眼前看到宇宙，接著地球的誕生。接著我就只顧著眺望這眼前的一切。

如果只是這樣的規模，應該頂多只能算是一場「夢」。然而這卻有別於一般作夢的情景，因為「看得到眼前景象的自己，以及被看到的對象（外部）沒有任何區別存在，彼此都同化了」。這真的是太詭異了！

一般來說，為了讓「看見」的舉動成立，絕對需要「看得到的自己以及被看的東西」二者缺一不可。但是這個夢境卻是呈現「看得到的自己與所看到的風景，二者都是自己」的狀態，沒有所謂的分離感存在。更直接一點的說法是有種「整個世界都是自己」的感覺。

而且夢境的結尾相當強烈。要以言語來形容有點困難，總之就是「絕對的無」的境界。

之後再回過頭來看，那應該就是終極的根源。因為宇宙的根本並沒有愛與光，而是完全中空的虛無狀態。不是和「有」相對概念的「無」，而是單純的「無」，宇宙中唯一存在的「無」。

當然那個時候「我」的這個主體已經消失，所以嚴格來說應該不算是個「體驗」。

因為如果要說這是個體驗，就必須要有「體驗的我」存在。所以說我很難說是我自己的體驗，不過可以確定的是那個痕跡，也就是那個自我消失狀態的「殘渣」還有殘留在我的腦中。

我怎樣都無法否定曾經有過這樣的體驗。我不覺得這只是想太多或是錯覺，因為我經常會回想起當時那個強烈的衝擊印象。

雖然我一開始總是會禮貌性先表明這嚴格說來不算是體驗，但接著卻還是會說出一大串的故事情節。為了避免衍生出不必要的麻煩，我要大膽在此以思想犯罪方式，將那次的經驗稱之為「覺醒體驗」。

而我在之前的內容所提到過的我對於「空」的相關概念詮釋，也都是出自於這次的體驗感想。

這時候我才瞭解到對我們而言，包括這個世界在內都是「幻想」，也就是沒有真正存在的夢境，而實際上唯一存在的就是偉大的「空」。

這樣的概念在悟道系的精神世界領域，則是經常被提出來討論。因為所有的田中和佐藤一定是各自呈現「一個偉大幻想的分離」狀態，彼此都只是為了要體驗這個世界的搭乘工具，只是僅限於當下的姿態。

不過如果從某個角度切入，會發現其實我們的真面目其實是「神」。因為知道了有限的概念（享受樂趣），所以我們才會是限定的存在，而成為為了要生存在二元性世界，具備適應能力的「人類」，而且也將我們是神的記憶給封印起來，接著才讓我們展開這樣的宇宙遊戲。

於是在我的內心，所有對事物的看法與觀點都會出現急遽的改變。但由於這樣的轉變幅度太大，等待一切冷靜下來需要一段時間，唯獨只有一件事情是可以確定的。

那就是我已經不想要擁有基督徒的身分，我不想再對自己說謊了。

因為我堅信「自己就是上帝，自己就是基督教，自己就是一切。我就是宇宙之王」。我知道自己的外部有比自己來的有價值的偉大存在，自己並非只是造物者。要是放任自己，也不會變成多次犯下愚蠢錯誤的「罪人」。

誠如基督教所說的沒有「罪」，因此不信仰耶穌基督就無法得到救贖，這樣的理論根本就不成立。

既然我已經體會了這麼多，那麼日後我又該如何活下去呢……？因此我必須加緊腳步去思考這個問題。

結果是我決定遠離教會這個地方。

同時以「賢者泰勒」的身分，停止去尋求上帝或是教誨之類的外部理念，而是以瞭解到「我主內」的立場，來向外傳達我個人的意見。

# 後記　與神之間的約定

## 人生必需的「世界終結」體驗

我從工作七年時間的社會福利設施離職，之後陸續轉換工作跑道，歷經種種不順利，就在我辭去影音光碟店的工作，成為家裡養的無業米蟲的時候，我開始變得自暴自棄。

因為經常換工作，而為自己下了個不配成為人類的自卑結論。在這樣的情況下，我已經失去了做任何事的幹勁。

不，其實有一件事我還想做。

面對如此萎靡的自己，以及他人投以的鄙視目光，都讓我感到痛苦萬分，甚至因此產生想要自我毀滅的衝動。我無法抑制出現這樣想法的那個世界，於是我準備展開實際行動。

那就是整天待在家中打電玩遊戲，幾乎足不出戶。

在社會遭受挫折讓我感到滿腹悔恨，內心充斥著被害者意識。這也使得我體內因為鬱悶而變得扭曲的想法，感覺就快要一次爆發出來。

就在那個時候，我因為很久都沒有外出呼吸新鮮空氣，於是我決定外出透透氣。

沒想到那個久違的外出機會，卻導致了不能挽回的後果。

但我可是一滴酒都沒喝。

不過或許是因為覺得自己的人生已面臨終點，還有受到遲遲無法交到女友的悲觀想法影響，我居然在人煙稀少的路上，和剛好也一個人路過的女性搭訕。

當然犯錯的是單方面主動出擊的我，但也不是帶有邪念，別有目的有計劃性地與對方接觸，只能說真的不曉得當時我的內心在想什麼。

失去正常判斷能力的我，沒注意到對方女性敷衍想趕快結束的某個行為。因為我的不謹慎，沒有趕快離開現場，這也導致後續一連串令我感到頭痛的麻煩事。

因為這位女性的「男性」友人突然出現。

她接到對方電話響幾聲後就隨即掛掉，這應該就是求救的信號。
但是一般的男女，平常會特別想好在這樣的情境下要怎樣求救嗎？
之後在我得知對方的職業後，我終於搞懂這一切的來龍去脈。
換句話說對方就是職業級的暴力集團。

我雖然沒有向對方女性做出奇怪的舉動，也沒有讓她受傷，不過在兩人肢體觸碰時，確實是有因此弄壞對方的物品。所以說我的罪名就是毀損器物。

不過應該不會因為這點小事，對方就表現一副絕對不會放過我的凶狠表情。或許只是因為身為男性，不能容許有別的男人插手自己女人的事吧！

趕到現場的男性體格壯碩，聲音低沉，也就是我讓我惹不起的人生氣了。

這就跟踩到哥吉拉尾巴是一樣嚴重的情況。

我意識到自己的不謹慎所帶來的惡果。

我一直以來都很努力過生活，然而這個世界給我的回報，居然是我有發展障礙的這個事實，也因為這樣而遭到工廠解雇，而且活到這把年紀也從沒交過女友。所以我只能自暴自棄，最後落得如此狼狽的下場。

我之後被迫前往這個男人所屬類似事務所的場所，還遭到對方口出惡言威脅。扯開嗓門對我大吼說什麼在他死前不會放過我，會追殺我到天涯海角（我並不想知道對方的具體作為）。

但是人總是在真正感到害怕時，反倒會流不出眼淚。雖然沒落下男兒淚，不過我也已經絕望到認定這會是我人生的一個終結點。

我不曉得之後該怎樣對父母解釋。反正以後我也不可能再過正常人的日子了（其實在此之前我過的也不是多正常的日子）。

雖然感到絕望，但此刻我的內心卻突然湧現一個想法。

在這樣混亂的情況下，為什麼我的腦中卻會浮現這樣的想法，直到現在我還是感到相當不可思議。

神啊！

如果我的人生不應該就此完結，要是對這個世界我還能有所貢獻，那就請祢讓我順利度過這次的危機。

如果祢能夠完成我這個心願，我答應祢我往後的人生都會遵循祢的指示過生活。

如果我能脫困，那麼我就會照祢所說的一切去做……。

神啊！如果我的人生不該就此結束，
那就請讓我見識奇蹟的發生。

我在內心很認真地這樣祈禱。

在祈禱的同時，我知道這麼做或許沒有意義，但我還是誠心誠意地向對方道歉謝罪。

那個時候的感覺是僅次於成為泰勒前的覺醒體驗，再次讓我感到不可思議與驚訝的經驗。

因為就在我祈禱過後，周圍的氣氛瞬間改變。

即便是我這樣感覺遲鈍的人，也能瞬間感受到變化。

因為對方的暴戾之氣突然消失了。

「先生，我看你也不是那麼壞的人——」

後續的發展簡直就像是坐在觀眾席看戲劇表演的感覺。雖然這不是發生在別人身上的事，但由於這樣急轉直下的變化實在太不真實了，所以我整個人就這樣呆滯在原地。

對方的態度突然變得友善起來。

「誰都有可能一時鬼迷心竅，這樣的經驗我也不是沒有過，雖然話是這麼說啦，但在這個世上還是得為自己的行為負責。
不好意思，我知道先生你不是壞人，不會做出風流的事。
不過為了你好，還是得訂下一個規則，要不然我們談個和解金數目好了。」
……，於是我就付了說多不多，說少不少的賠償金，雙方達成和解。
彼此也交換了做為證據的書面資料，麻煩事就這樣告一段落。
完成一些手續後，我永遠不會忘記我離開前，那個男人對我說的一番話。
**「我想我們永遠不會再見面了，加油。**
**如果我們是以不同的方式相遇，或許我們會成爲朋友也說不定。**
**不過事到如今才這麼想已經太遲了。**
**先生，你這個人不錯，做這種事只會破壞自己的價値。**
**再見，以後要好好過日子喔！」**

初次見面時，我還以為我的世界就要走向終點了，沒想到在離別時，對方卻成為了自己人生中必須存在的人，我的內心不禁湧現這股親近感。

而終於獲救的我首先想到的第一件事就是「與神的約定」，因為我曾經表示如果能脫離困境，我什麼事都願意去做。

既然都已經說出口，君子一言駟馬難追，而且我也早就做好要遵守約定的心理準備了。

後來我從原先的基督教信仰，轉向從事精神世界領域的相關工作，歷經了覺醒體驗後而蛻變為泰勒。

我應該算是有遵守當時的約定，而成為對世界有所貢獻的人吧？

我是否有跟著時代的大浪前進，以泰勒這個身分，在這個世界上發揮十二分的效果了呢？

這就要交由各位部落格的讀者，以及前來參加我的現場演講的觀眾們，還有正在翻閱這本書的各位來做判斷了。

希望各位一定要將這本書當作是「這個遊戲世界」的攻略本，要是能對各位有所幫助，筆者也會感到相當欣慰。

最後我想借用這個場合來表達我的感謝。

盟友雲黑齋先生，要不是有您的大力推薦，我今天就沒辦法出版這本書。

Owls Agency 的橋詰大輔先生、日本文藝社書籍編輯部的水波康總編輯，以及負責製作這本書的各位工作人員，還有幫我加油打氣給我意見，協助舉辦現場演講活動的主辦者和所有的工作人員。

最後還有從我信仰基督教時期開始，一直到後來成為泰勒，仍然陪伴在我身邊，對我付出關愛的妻子，還有我的二個小孩。

我在這裡真心地感謝每一個人。

# 泰勒的精神世界用語解說

**【空】**……語意上微妙表示「空洞、無」的狀態的佛教用語。

即便你是人類，這個世界上也不會只有你自己存在。如果沒有其他人，你根本無法生存，而且還需要水、空氣和食物等動植物。在這種型態的宇宙中，所有存在的自然界事物，要是失去「與其他事物之間的關聯性」，那就無法存在。

假設「這個宇宙為存在的根源」，那麼就會是「各式各樣的依附存在關係（需要有其他事物的輔助，否則無法存在）」，另外，「就算不具備屬於這個世界的特性，也可以獨自存在，而且是超越次元的存在」，這樣的狀態就稱為「空」。

當我們在思考「宇宙的根源」時，比較容易聯想到的是能夠代表西方基督教等宗教的「上帝」，上帝會說話，以自己的意志在人類世界做出貢獻。因為瞭解到「自己就是上帝」，所以擁有自我意識，認為

「自己（上帝）」有被包含在所創造的宇宙間的「關係性」當中，所以很遺憾地要放下「有意志的上帝」是宇宙根源這樣的想法。

所謂的根源存在，就必須要有二者以上的關係才有可能存在。因為沒有自己和他人的概念，所以沒有意志存在。那是因為有意志的思考，就需要有具備意志的自己（主語）存在。

因此當你聽到「來自空的訊息」的這句話時要特別注意！

雖然很難用言語來表現空的狀態，不過以一般人容易理解的方式來說明，意思最相近的詞彙應該會是「零」的這個字。

**【二元性】**……一種事物由二種原理所構成。由於這個宇宙是因為二元性而成立，所以稱為二元性世界。像是「自己與他人」、「精神與物質」、「光明與黑暗」、「男與女」、「右與左」、「上與下」等，所有的狀態與意象都能夠以相對的二極概念說明。有時候會將二極以「陰陽」方式來表現。

相對地，二元性則是相當於「空」的狀態，不會受到二極概念的束縛，而是絕對的唯一狀態。

【精神世界】……相信有肉眼看不到的靈魂與神等超自然現象的存在，而且以感覺為基礎去思考與實踐的總稱。

所涵跨的範圍相當廣，像是本書所提到過的「悟道系」，將焦點鎖定在靈界與靈魂的靈能系，以及外星人系，以天使為對象的領域，還有以高次元的存在（高度自我等）為對象的通靈領域（接收訊息）。

再加上傾聽系和占卜系等領域，應該就不難想像這個詞彙所表示對象的範圍之寬廣。但還是會因為少部分的騙徒和無心學習的人，使得整個精神世界領域被冠上「怪異可疑」的負面印象。

那是因為考慮到如果在未來持續以相同定義來使用精神世界的這個詞彙，會和將來的實際情況不相符合。

不過就精神世界的整體概念來說，確實是會讓人感到怪異可疑。（笑）

【覺醒（者）】……悟道的意思。可以將這個詞彙的定義視為不存在。古往今來的宗教和精神世界都是站在各自的立場來解釋，因此不可能來判定何者為正確解答。就像是走進百貨公司挑選你喜愛的商品那樣的感覺，你只會考慮到自己喜歡的部分。

如果以泰勒的立場來說，我知道這個世界並不是真實存在，原本是呈現空（什麼都沒有）的狀態。就是隱約可看見的超越自己他人分離狀態的「合而為一」的狀態（這只是自我陳述，完全無法證明）。

但由於「已經覺醒」的標準會因人而異，會出現了不起的覺醒者，也會有讓人感到頭痛的覺醒者，情況極為混亂。

如果硬要說明的話，已經覺醒應該可以看做是廢止想法本身的意思。

【合一】……並不是很難處理的詞彙，不過我自己是不太會想去使用。主要是能夠與相對的世界（自他、陰陽的二極概念）明確劃分，為沒有分離概念的世界次元，也就是所有的根源都是合而為一的狀態，而這個詞彙就是你在說明這樣的狀態時方便使用的詞彙。

結論是無數的人類其實都來自同一個根源，「他人」的這個意象原本就只是個幻想罷了。瞭解這個道理後的神秘體驗則稱為「合一體驗」。

雖然多數人很容易在思考時將合一性與「空」做連結，這樣倒不如都不要去思考「空」與「合一性」的概念。

那是因為二元性的固定做法並不是在語言化之後再去掌握其概念，因為越是這麼做，就會距離本質越來越遠。

因為眼前的工作和今晚的下酒菜都遠比這個概念還要來得重要許多。

定價 250 元
14.8×21cm
224 頁
單色

## 感受「無我」的自由

我們每個人都在探索「真正的自己」，想要確認一個「固定不變的我」，　然而，佛陀早就一針見血的說過「無我」、「一切無我」。

縱使每個生命都有「我」的真實感覺，並不表示一定有一個絕對不會改變的「我」，其實，這個「我」每一瞬間都在變化，所謂「我」，只是因緣的流轉、瞬間變化的「我」而已。

發現到「無我」的真理，我們才能成為一個對世界有助益的人，而且也能夠解除執著、達到解脫的境地。

這是一本有助於現代人深入理解「無我」，離苦得樂的必備之書！

定價 250 元
14.8×21cm
176 頁
單色

## 突破「無知」的壁壘

解剖學家養老孟司先生在暢銷著作《愚蠢之壁》內容當中大膽指出了「大腦會將不想知道的資訊給遮蔽」的這個事實，同時又在新作品《自我之壁》中，提出了「探詢『自我』是無用行為」的看法。本書以深入探討這道「牆壁」為主題，記錄下養老孟司與原始佛教的蘇曼那沙拉長老之間的對話。主持人釋徹宗以流暢的提問來彰顯出解剖學者眼中的「愚蠢」，以及佛教的「無知」之間的共通點，並獲得智者意見上的一致性，那就是「真正的自己」根本不存在！

**TITLE**

如果人生是一場電玩，怎樣才能玩過關？

**STAFF**

| | |
|---|---|
| 出版 | 瑞昇文化事業股份有限公司 |
| 作者 | 賢者泰勒(テラ) |
| 譯者 | 林文娟 |
| | |
| 總編輯 | 郭湘齡 |
| 文字編輯 | 黃美玉　莊薇熙　黃思婷 |
| 美術編輯 | 朱哲宏 |
| 排版 | 朱哲宏 |
| 製版 | 大亞彩色印刷股份有限公司 |
| 印刷 | 桂林彩色印刷股份有限公司<br>紘億彩色印刷有限公司 |
| | |
| 法律顧問 | 經兆國際法律事務所　黃沛聲律師 |
| | |
| 戶名 | 瑞昇文化事業股份有限公司 |
| 劃撥帳號 | 19598343 |
| 地址 | 新北市中和區景平路464巷2弄1-4號 |
| 電話 | (02)2945-3191 |
| 傳真 | (02)2945-3190 |
| 網址 | www.rising-books.com.tw |
| Mail | resing@ms34.hinet.net |
| | |
| 初版日期 | 2017年2月 |
| 定價 | 280元 |

**ORIGINAL JAPANESE EDITION STAFF**

| | |
|---|---|
| カバーデザイン | 萩原弦一郎、橋本雪（デジカル） |
| 本文デザイン | 玉造能之、梶川元貴（デジカル） |
| 本文イラスト | 比惠島由理子（デジカル） |
| 編集協力 | 橋詰大輔（アウルズ・エージェンシー） |

國家圖書館出版品預行編目資料

如果人生是一場電玩,怎樣才能玩過關? / 賢者泰勒作 ; 林文娟譯.
-- 初版. -- 新北市 : 瑞昇文化, 2017.02
272面 ; 14.8x21公分
譯自 : 宇宙シナリオからのメッセージ
ISBN 978-986-401-155-1(平裝)

1.吸引力

177.2　　106000546